浙江金融职业学院中国特色高水平高职学校建设系列成果

金苑文库系列成果

浙江地方金融发展研究中心金融研究系列成果

浙江金融职业学院青年教工地方金融研究团队（J20）系列成果

浙江金融职业学院高水平创新团队建设项目"金融支持高质量发展"
（项目编号：2021XS06）成果

姚星垣 著

金融结构与高质量发展

ZHEJIANG UNIVERSITY PRESS
浙江大学出版社

图书在版编目(CIP)数据

金融结构与高质量发展 / 姚星垣著. —杭州：浙
江大学出版社，2021.6
ISBN 978-7-308-21699-9

Ⅰ.①金… Ⅱ.①姚… Ⅲ.①金融结构-研究 Ⅳ.
①F830

中国版本图书馆 CIP 数据核字(2021)第 174886 号

金融结构与高质量发展

姚星垣 著

策划编辑	吴伟伟
责任编辑	丁沛岚
责任校对	陈　翩
封面设计	周　灵
出版发行	浙江大学出版社
	（杭州市天目山路 148 号　邮政编码 310007）
	（网址：http://www.zjupress.com）
排　版	杭州朝曦图文设计有限公司
印　刷	广东虎彩云印刷有限公司绍兴分公司
开　本	710mm×1000mm　1/16
印　张	12.5
字　数	200 千
版 印 次	2021 年 6 月第 1 版　2021 年 6 月第 1 次印刷
书　号	ISBN 978-7-308-21699-9
定　价	58.00 元

前　言
PREFACE

党的十九大报告指出,我国经济已由高速增长阶段转向高质量发展阶段。金融发展,尤其是金融结构优化是推动高质量发展的关键力量之一。习近平在主持 2019 年 2 月中共中央政治局第十三次集体学习时强调,要深化金融供给侧结构性改革,以金融体系结构调整优化为重点,为实体经济发展提供更高质量、更有效率的金融服务。

本书以金融结构为切入点,试图回答三个问题:第一,金融结构优化与高质量发展之间是否存在内在关联? 第二,为什么达到"最优金融结构"有难度有挑战? 第三,通过优化金融结构推动高质量发展的机制有哪些?

本书在梳理金融结构理论和高质量发展基本内涵的基础上,区分了显性金融结构与隐性金融结构,提出了金融结构"工具—制度—功能"三维立体的"黏性金融结构假说",并进一步分析了金融结构影响高质量发展的内在机制,探讨了金融结构与经济结构转型、金融结构与价格机制、金融结构与技术进步、金融结构与绿色发展、金融结构与科技金融发展等主题。

本书内容紧扣时代主题,在研究主体内容、内在逻辑安排和多元性研究方法上都体现了创新性。本书的核心内容围绕以下三个层次展开。

第一,高质量发展的内涵十分丰富并且不断拓展延伸。

党的十九大报告提出了中国发展新的历史方位——中国特色社会主义进入了新时代,指出我国经济已由高速增长阶段转向高质量发展阶段。而对于高质量发展内涵的理解也在不断加深。例如,2020年3月,习近平在浙江考察时勉励浙江"努力成为新时代全面展示中国特色社会主义制度优越性的重要窗口",给高质量发展定下了目标期许;5月,在山西考察时指出要在新基建、新技术、新材料、新装备、新产品、新业态上不断取得突破,持续在国企国资、财税金融、营商环境、民营经济、扩大内需、城乡融合等重点改革领域攻坚克难,健全对外开放体制机制,奋发有为推进高质量发展,盘点了高质量发展的关键领域;6月,习近平在宁夏考察时强调,要坚持不懈推动高质量发展,加快转变经济发展方式,加快产业转型升级,加快新旧动能转换,推动经济发展实现量的合理增长和质的稳步提升,明确了高质量发展的战略举措;10月,在深圳经济特区建立40周年庆祝大会上,习近平强调,要坚持发展是第一要务、人才是第一资源、创新是第一动力,率先推动质量变革、效率变革、动力变革,努力实现更高质量、更有效率、更加公平、更可持续、更为安全的发展,阐明了高质量发展的内在动力。可以预期,高质量发展是新时代的主题,其内涵将在实践中不断拓展延伸。

第二,经济高质量发展离不开金融的大力支持。

经济高质量发展是长期战略,是系统工程,离不开金融的大力支持。当前,我国正处于转型升级的关键时期,经济高质量发展面临一系列新的挑战。从国际层面看,全球化遭遇阶段性挫折,大国之间博弈加剧,摩擦升级;从国家层面看,构建以国内循环为主体、国内国际双循环的战略方兴未艾;从微观层面看,市场主体如何克服各类约束条件,实现高质量、可持续发展仍在探索阶段。这些问题都需要金融的支持。从需求侧来看,金融支持经济高质量发展,关键在于如何进一步发挥好各个层次的功能,提高金融服务实体经济的能力。需要进一步完善投融资体系,把握投资的力度、节奏以及风险预警和处置;进一步完善消费金融服务体系;配合财政税收体制改革,用好金融政策工具,完善政府职能;加大贸易金融的支持力度。从供给侧来看,金融支持经济高质量发展,关键在于提升金融在各生产要素配置中的匹配度和运行效率,更好地让资金与劳动、资源环境和技术进步等其他要素耦合发展、协同推进。从均衡发展看,金融支持经济高质量发展,关键在于发挥金融在降成本、补短板等方面的作用。大力发展数字普惠金融,提升对中小微企业和民营经济的综合服务水平,在推进乡村振兴、精准脱贫等领域持续发力。

第三,金融结构优化是金融支持经济高质量发展的重要力量。

要让金融在支持经济高质量发展中发挥更大的作用,金融自身也需要持续进行深化改革。从优化金融结构角度看,积极推动金融业内部一些重要部门的发展,大力发展绿色金融、普惠金融和科技金融,将在支持经济高质量发展过程中发挥更加突出的作用。发展绿色金融,是要深入贯彻绿色发展的理念,让生产要素的投入和生产过程更加环境友好,更好地实现经济可持续增长。因此,需要在绿色金融体系构建、绿色金融标准完善、绿色金融产品和服务体验提升、"绿水青山就是金山银山"转化机制完善等方面积极探索。发展普惠金融,是要深入贯彻共享发展的理念,让更广泛的群体得到平等、优质、丰富的金融服务,更好地实现经济包容性增长。因此,需要在进一步优化金融结构,完善金融市场、金融机构和金融产品体系,助力推进乡村振兴和精准扶贫,加强相关技术在普惠金融发展中的应用等方面积极探索。发展科技金融,是要深入贯彻创新发展的理念,让技术进步和全要素生产率在经济增长中发挥更大的作用,更好地实现经济创新发展。因此,需要丰富金融科技应用场景和提升金融科技应用水平,注重信息安全和隐私保护,提升金融风险的识别、预警和处置能力,增强金融监管的专业性、统一性和穿透性等方面积极探索。此外,贸易金融、数字金融、产业链金融、消费金融、农村金融等领域的金融发展也大有可为。从更广义和前瞻的角度看,金融标准的创新建设、金融如何更好地参与社会服务、金融如何支持社会治理与未来社区建设等新兴领域也值得关注和探索。

金融结构优化与高质量发展的关系十分复杂,本书是系统梳理两者关系的一个大胆尝试,从不同角度得到了一些初步结果和支持证据。笔者认为这个领域的研究潜力仍然十分巨大,需要更多更加细致和深刻的工作。

姚星垣

2021 年 3 月

目　录
CONTENTS

第一章 导 论

第一节 研究背景与研究价值

一、研究背景

党的十九大报告指出,我国经济由高速增长阶段转向高质量发展阶段。高质量发展的内涵是什么?金融发展,尤其是金融结构优化是否能够成为推动高质量发展的关键因素之一?金融结构优化推动高质量发展的机制是什么?这些问题具有重大的理论意义和现实意义,也是本书试图回答的核心问题。

2017年,中央经济工作会议提出,必须加快形成推动高质量发展的指标体系、政策体系、标准体系、统计体系、绩效评价、政绩考核。建立高质量发展评价指标要实行总量指标和人均指标相结合、效率指标和持续发展指标相结合、经济高质量发展与社会高质量发展相结合。2018 年，政府工作报告提出了深度推进供给侧结构性改革等九方面的部署，以上都围绕着高质量发展。

2019 年 2 月 22 日，中共中央政治局就完善金融服务、防范金融风险举行第十三次集体学习，强调要深化对国际国内金融形势的认识，正确把握金融本质，深化金融供给侧结构性改革，平衡好稳增长和防风险的关系，精准有效处置重点领域风险，深化金融改革开放，增强金融服务实体经济能力，坚决打好防范化解包括金融风险在内的重大风险攻坚战，推动我国金融业健康发展。

金融是国家重要的核心竞争力。改革开放以来，我国金融业发展取得了历史性成就。特别是党的十八大以来有序推进金融改革发展、金融风险治理，金融业保持快速发展，金融改革开放有序推进，金融产品日益丰富，金融服务普惠性增强，金融监管得到加强和改进。同时，我国金融业的市场结构、经营理念、创新能力、服务水平还不适应经济高质量发展的要求，诸多矛盾和问题仍然突出。因此，研究金融结构与高质量发展的关系具有迫切性。

二、研究价值

(一)理论价值

金融结构是支持金融发展的重要表现，对推动经济社会发展起到重要作用。Goldsmith(1969)认为，金融结构就是金融工具与金融机构的相对规模，金融结构的变迁就是金融发展；林毅夫等(2009)系统阐述了"最优金融结构理论"，认为良好的金融结构需要与经济结构相匹配，并把制度因素也纳入金融结构。但金融结构如何演变,尤其是在发展中国家,金融结构的演变如何影响经济增长与高质量发展,其内在机理仍然不够清晰。

本书的理论贡献主要包括以下三个方面:

第一,建立了金融结构与高质量发展之间关系的一般分析框架。在梳理经济增长的驱动因素、国内外经济增长的经验事实的基础上,着重基于经济结构优化的角度考察高质量发展,并从微观层面、中观层面、宏观层面阐述了金融结构与高质量发展之间的理论关联。从理论上论证金融结构优化可以推动高质量发展。

第二,深化了对金融结构的认识。从工具优化、制度优化和功能优化的角度为经济发展和金融发展建立了连接,在"最优金融结构理论"基础上,区分了显性金融结构与隐性金融结构,提出了"工具—制度—功能"三维立体的"黏性金融结构假说"。这表明金融结构优化并不是"自然发生"的,而是受到多重约束条件的影响,因此优化金融结构需要对症下药,采取有针对性的举措。

第三,检验了金融结构优化对高质量发展的影响机制。具体从两个方面进行了检验:一是从多个层面分析检验了金融结构优化推动高质量发展的内在机制;二是分析了金融结构优化不同层面之间的相互关联,考察了融资方式结构(如直接融资/间接融资)与金融业各子行业之间的结构(如整体金融中科技金融的发展)的关联等。这部分为优化金融结构的具体举措提供了理论思考和事实基础。

(二)应用价值

本书的应用价值主要体现在以下三个方面。

第一,为金融发展推动高质量发展的政策制定"明方向",为金融发展相关政策目标提供事实和理论基础。2019年2月22日，中共中央政治局就完善金融服务、防范金融风险举行第十三次集体学习。习近平在主持学习时强调："金融要为实体经济服务，满足经济社会发展和人民群众需要。金融活，经济活；金融稳，经济稳。经济兴，金融兴；经济强，金融强。经济是肌体，金融是血脉，两者共生共荣。"金融在当前推动我国高质量发展过程中扮演着重要角色，本书的研究为金融发展，尤其是金融结构优化可以从哪些层面推进高质量发展提供了理论依据。

第二，为金融结构优化的政策制定"选路径"。如何让金融更好地发挥作用？简单地概括，就是要更加重视金融结构的影响和作用，深化金融供给侧结构性改革。习近平强调："深化金融供给侧结构性改革必须贯彻落实新发展理念，强化金融服务功能，找准金融服务重点，以服务实体经济、服务人民生活为本。要以金融体系结构调整优化为重点，优化融资结构和金融机构体系、市场体系、产品体系，为实体经济发展提供更高质量、更有效率的金融服务。……要适应发展更多依靠创新、创造、创意的大趋势，推动金融服务结构和质量来一个转变。"本书的研究可从宏观、中观、微观的视角为金融结构优化提供理论依据。

第三，为更好地发挥金融结构优化的作用"去障碍"。金融结构优化并非"自然形成"，中间会面临各种约束和挑战。本书立足"黏性金融结构假说"，深入探讨了优化金融结构可能面临的各种障碍和挑战，为从工具优化、制度优化和功能优化的角度深入开展金融供给侧结构性改革提供理论依据。

第二节 研究内容与逻辑框架

一、研究内容

本书系统地阐述了金融结构与高质量发展的关系,并从影响机制的角度探讨了金融结构与经济结构转型、金融结构与价格机制、金融结构与技术进步、金融结构与绿色发展、金融结构与科技金融发展等方面的主题。

本书内容从逻辑上看分为三部分。第一部分包括第一章和第二章,从整体上探讨了金融结构与高质量发展的逻辑关系。

第一章是导论,阐述了金融结构和高质量发展的研究背景与意义,梳理了高质量发展相关的主要政策脉络。归纳了本书的研究方法、主要创新以及后文的章节安排。

第二章是文献综述与理论框架。文献综述主要从三方面展开:一是对有关中国经济增长,尤其是改革开放以来关于中国经济长期高速增长及其原因的文献进行综述;二是从基本内涵、指标体系构建等角度对高质量发展的相关文献进行梳理;三是对关于金融发展与经济增长关系的重要文献进行综述,对金融结构的经济影响相关文献进行梳理。理论框架则从中国高速增长的经验事实切入,并从国际比较的视野出发剖析其内在规律,从金融与经济的关系角度,辨析其可能所处的历史方位,提出"黏性金融结构假说",从而构建金融结构与高质量发展的一般理论分析框架。

第二部分包括第三章到第八章,分别从结构优化与经济增长、金融结构与经济转型、金融结构与价格机制、金融结构与技术进步、金融结构与绿色发展、金融结构与科技金融等角度展开经验研究和案例分析。

第三章是结构优化与经济增长。从逻辑上看,本章构建了结构优化与经济增长关系经验研究的基本框架和基础,初步探讨了结构优化与经济增长之间的关系。经验研究结果表明,经济结构的优化,表现为第三产业(服务业)占比的提高,以及作为服务业重要组成部分的金融业的发展,对经济增长存在推动作用,但作用机制和影响程度在不同经济体中存在异质性。

第四章是金融结构与经济结构。本章构建了经济增长、经济结构和金融结构的基本分析框架,并对东亚和东南亚主要国家和地区进行了经验研究,把我国香港地区作为典型案例,把"雁形模式"作为比较研究的背景。采用组均值 FMOLS 方法,对经济增长、经济结构与金融结构之间的长期协整关系进行检验,用格兰杰(Granger)因果关系检验深入探究样本经济体的异质性,表明经济结构、金融结构与经济增长之间存在门槛效应。

第五章是金融结构与价格机制。汇率和股价是市场价格体系中的核心价格指标。本章运用协整检验和多元 Granger 因果检验方法,探讨了新兴经济体股价与汇率的联动关系及其传导机制。研究表明,内部金融结构作为传递路径的显著性较强,而外部金融结构对联动机制作用的显著性较低。因此,要重视金融结构对资产价格的重要影响,并从关注金融结构的角度防范系统性金融风险。

第六章是金融结构与技术进步。本章探讨了金融发展规模与金融结构对全要素生产率的影响。经验和研究结果表明,金融规模的扩张与全要素生产率之间的关系并不显著,因此通过金融规模扩张影响经济增长从而提升全要素生产率的机制并不存在。通过优化金融结构影响经济增长从而提升全要素生产率的机制可能存在,经济增长是金融结构与全要素生产率之间的完全中介变量。

第七章是金融结构与绿色发展。本章构建了分析金融结构与绿色发展关系的一般理论框架,并应用 G20 经济体的数据进行了实证研究。研究结果表明,金融结构优化可以发挥减排作用。影响机制的异质性检验表明,在发达经济体,优化金融结构能够提升 TFP,并有显著的减排作用;而在新兴经济体,这两种效应尚未显现。

第八章是金融结构与科技金融。本章以国际比较的研究视角切入,着重从金融结构和技术支持角度探讨实施普惠金融的可能路径。实证研究表明,优化金融结构、积极发展科技金融能够有效地推动数字普惠金融发展。以浙江省为例,从科技金融与普惠金融相互依存、融合共生的角度,提供了普惠金融与技术支持相结合的一个比较典型的例证。

第三部分是第九章,即本书的主要结论和政策建议。首先是从整体的角度对本书第三章到第八章经验研究中的主要结论再次进行梳理,然后以此为基础,结合一般的理论分析,从战略思考和重要举措两个方面提出相应的政策建议。

二、逻辑框架

本书的核心内容与逻辑结构如图 1-1 所示。

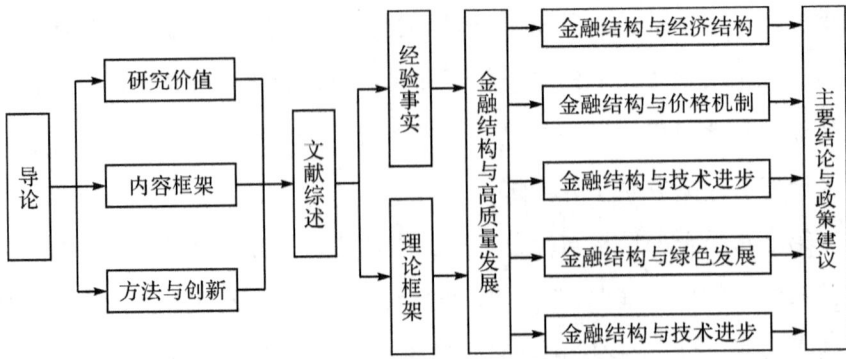

图 1-1　本书的核心内容与逻辑结构

第三节　研究方法与主要创新

一、研究方法

(一)一般理论分析

在构建金融结构与高质量发展的一般理论框架时,以新古典增长模型和扩展的柯布-道格拉斯生产函数为基础,构建纳入金融结构因素后的分析框架。

(二)计量经济学方法

在第三章至第八章的经验研究部分,综合应用面板单位根和协作检验、面板 Granger 因果关系检验、面板 ARDL 方法等多种计量经济学方法,以提高经验研究结果的可信度和可靠性。

(三)比较研究方法

采用国际比较法,对中国经济增长的经验事实展开了横向比较和分析。

(四)案例分析

案例分析贯穿本书,作为对理论研究和经验研究的补充,它可以提升研究的直观性和应用性。

（五）政策研究

以理论研究和经验研究的基本事实和研究结论为基础，提出相应的政策建议。

二、主要创新

（一）紧扣时代主题

本书以金融供给侧结构性改革为切入点探讨金融结构与高质量发展，这既是当前研究的热点问题，也是我国"十四五"期间需要解决的重大问题。当前，我国进入新发展阶段，需要贯彻新发展理念，积极构建新发展格局。而构建以国内大循环为主体、国内国际双循环相互促进的新发展格局，形成参与国际竞争和合作的新优势，离不开更好地发挥各要素以及要素之间关系的积极作用，这是结构优化的重要表现。金融发展，尤其是金融结构优化，正是着眼于"匹配"和促进经济结构优化，实现高质量发展。

（二）研究角度新颖

本书以金融结构为切入点，是对经典的金融发展理论的拓展和创新。在梳理金融结构理论和高质量发展基本内涵的基础上，区分了显性金融结构与隐性金融结构，提出了金融结构"工具—制度—功能"三维立体的"黏性金融结构假说"，具有一定的理论价值和应用价值。

（三）逻辑脉络清晰

本书着重从金融结构的视角，围绕金融结构与高质量发展的关系，依据其内在逻辑，在统一的分析框架下探讨了金融结构与经济结构、金融结构与价格机制、金融结构与技术进步、金融结构与绿色发展、金融结构与科技进步等主题。

（四）研究方法规范

综合应用理论研究（第二章）、比较研究（第二章）、案例研究（第二章、第八章）、计量分析（第三章至第八章）等多种方法，从不同层面和角度考察金融结构与高质量发展的关系，研究结果具有较高的科学性。在计量分析层面，根据数据和模型特点，主要采用面板数据固定效应模型、面板单位根和协作检验、面板 Granger 因果关系检验、面板 ARDL 方法多种方法，充分考虑了计量结果的科学性和稳健性。

第二章　文献综述与理论框架

第一节　文献综述

改革开放40多年来,中国经济经历了快速增长,取得了显著的成就。中国的经济增长奇迹是如何发生的? 有何独特之处? 进入新时代后我国经济高质量发展的内涵和路径是什么? 金融发展对经济增长有何贡献? 它在推动高质量发展中又将发挥什么样的作用? 这些就是本节试图梳理的基本逻辑。对此,本节将从中国经济增长的驱动因素、高质量发展的内涵与动力以及金融发展对经济的影响等三方面加以综述。

一、中国经济增长的驱动因素

中国经济增长奇迹的动力究竟源自何处? 中国增长模式有何独特之处? 本节从制度变革、要素驱动、需求拉动、创新驱动和外部影响等方面加以归纳综述。

（一）制度变革

制度变革是改革开放以来我国经济高速增长的最初推动力和持久动力源。不少学者从总体上分析了制度变革对我国经济增长的影响。王小鲁（2000）认为，相比于资本形成，制度变革引起的资源重新配置给中国经济增长带来的贡献更重要。傅晓霞和吴利学（2002）分析了改革开放后中国十几年间的制度变迁和经济增长，并评估和计算了制度变迁（包括市场化和开放型改革）对经济增长的贡献，验证了制度创新与制度变革是推动中国经济增长的主要因素之一。王文博等（2002）定量测定了制度因素、知识资本等对中国经济增长的贡献率。方颖和赵扬（2011）以中国1919年基督教教会初级小学的注册学生人数为制度的工具变量，通过两阶段最小二乘法发现制度对中国经济的贡献显著为正。

还有学者从具体的制度环境入手进行分析。从中央—地方关系角度，李学文等（2012）通过包容性更强的"中国转轨经济高速增长"解释框架讨论了中央—地方制度规则变化下地方政府行为与经济增长的逻辑关系。从所有制结构的角度，易纲和林明（2003）认为，亚洲金融危机之后，非国有企业的壮大为产权改革的平稳推进提供了经济基础，明晰产权和完善税收制度是从根本上弥补增长缺口的选择；景维民和王瑶（2018）认为，混合经济结构优化要重视宏观经济所有制结构的合理比例以及微观企业主体内部不同经济成分的合理比例，以实现高质量发展。从城镇化角度，何兴邦（2019）实证分析了中国城镇化进程中的经济增长质量效应，发现从总体上看，中国的城镇化进程有助于改善综合经济增长质量。从财政税收角度，李涛和周业安（2008）研究发现，更低的预算外财政支出水平对本地区的经济增长有着显著的积极作用，地区财政分权本身对本地区的经济增长没有显著且稳定的影响；李涛等（2011）研究发现，地区宏观税负阻碍了经济增长,地区之间的税收竞争促进了经济增长。从土地制度角度,陆铭(2011)研究了地理与城市土地利用效率的关系,发现对中国城市土地利用效率而言,到大港口(如香港、上海和天津)的距离越远,其负面作用越大。因此放松政策管制,实现建设用地使用权的跨区域再配置,能够为中国经济的下一轮增长提供新的动力。

(二)要素驱动

不少研究成果表明,要素投入的增加是我国经济能够持续高速增长的重要动力。

从劳动角度,王金营(2002)认为,要保持未来经济持续快速增长,首要的是提升人力资本水平。中国经济增长与宏观稳定课题组(2007)从理论上分析了经济转型过程中的劳动力供给效应转换,认为中国的发展不可能长期依赖"人口红利",必须转到以知识、技能等人力素质提高推动经济内生增长的道路中去。刘海英等(2004)量化了人力资本"均化"指标,在实证研究基础上得出了人力资本"均化"水平对经济增长的促进机制。

从劳动和人力资源推动我国经济增长的具体机制来看,汪小勤和汪红梅(2007)认为,"人口红利"是中国经济实现"增长奇迹"最重要的因素之一。长期来看,随着我国人口出生率下降,劳动参与率将下降;短期来看,我国城乡劳动力流动障碍依然存在,不利于劳动力配置效率的进一步提高。因此,应从提高劳动力素质和消除城乡劳动力流动障碍来实现我国"人口红利"的延续。伍山林(2016)探讨了农业劳动力流动对中国经济增长的贡献,并发现1985—2011年中国农业劳动力流动对经济增长的贡献呈现递减的趋势。王家赠(2002)提出了受教育程度和受教育分布平均程度的两个指标,对我国各省居民中的受教育情况进行了测量,并对教育与经济增长的关系进行了实证研究。

从资本角度,邱晓华等(2006)通过建立中国经济增长的综合因素模型认为资本投入增加是中国经济增长最主要的源泉。朱承亮等(2009)研究发现,我国经济增长主要是资本驱动的,技术效率的贡献较低,整体上金融发展对效率的提高具有较大的促进作用。梁泳梅和董敏杰(2015)采用新的经济增长非参数核算方法测算了1978—2013年中国经济增长的来源,认为资本投入是中国经济增长的主要来源,而发现近年来经济增长对资本的依赖性有强化趋势。

还有学者从经济增长和能源消费的角度进行了探讨。林伯强(2003)的实证结果表明,GDP、资本、人力资本以及电力消费之间存在着长期均衡关系。张宗成和周猛(2004)的研究证实了20世纪90年代以来低能源消费切实给中国带来了高经济增长。刘星(2006)从理论和实证角度研究了中国GDP和能源消费的动态关系,发现经济增长引起了能源消费的增加,从长期来看能源并不会成为经济增长的"瓶颈",但需制定中长期规划来引导经济结构和能源产业结构的调整。王崇梅(2010)基于脱钩指数,应用脱钩理论评价模式分析了目前我国能源消耗与经济增长的关系,发现在一定阶段经济增长与能源消耗处于绝对脱钩和相对脱钩状态。

从环境约束角度来看,刘瑞翔和安同良(2012)对资源环境约束下中国经济增长绩效在1995—2010年的变化趋势与影响因素进行了分析,结果表明能源消耗和污染排放已成为中国环境无效率的主要来源。王锋等(2013)研究得出1997 2008年中国30个省(区、市)及其相关经济变量对全国碳强度下降的贡献主要取决于其能源效率提高的程度。范庆泉和张同斌(2018)发现渐进递增的动态环境税和渐进递减的动态减排补贴率的政策组合提高了企业的污染减排动机,可以有效控制环境污染累积水平。杜婷婷等(2007)以库兹涅茨环境曲线(EKC)及衍生曲线为依据的实证研究表明,中国数十年来经济发展与 CO_2 排放变化之间的关系似"N"形而非倒"U"形,这意味着我国在同时推进经济发展和环境保护事业上仍处于过渡期,尚未进入两者协同发展的阶段。

综合来看,李扬和殷剑峰(2005)认为,中国的转轨经济具有独特的增长模式,其典型特征就是持续的高储蓄率和高投资率。剩余劳动力由农业向工业(工业化)、由农村向城市(城市化)、由国有向非国有(市场化)的持续转移是我国经济能够长期、高速增长的关键,而高储蓄率和高投资率既是这种增长模式的必然结果,也是劳动力得以持续转移乃至这种增长模式得以维持的关键原因。

(三)需求拉动

根据凯恩斯的有效需求理论及其需求管理政策,投资、消费和净出口成为拉动我国经济增长的三驾马车。刘学武(2000)分析了 1989—1999 年影响中国经济增长的需求因素,得出了投资、消费、进口和出口与中国经济增长之间的长期均衡关系。吴忠群(2002)讨论了我国经济增长、消费和投资发展的历史轨迹,并对消费率和投资率进行了国际比较,指出无论是消费增长率还是投资增长率,都有一个适宜的政策作用空间。刘瑞翔和安同良(2011)利用国家统计局的投入产出数据,使用非竞争型投入产出模型,对 1987—2007 年中国经济增长的动因进行了系统分析,结果表明,包括消费、投资及出口在内的最终需求对我国经济的拉动效果呈现下降趋势。

具体来看,王任飞和王进杰(2007)分析了中国主要门类基础设施指标与总产出之间的协整及 Granger 因果关系,发现基础设施在促进经济增长方面居于主导地位。栾大鹏和欧阳日辉(2012)的研究结果表明,近年来中国的经济增长主要依赖于投资的带动。加大对第一产业的投资力度,继续大力发展劳动密集型第二产业和高等教育事业,是提高资本、劳动和人力资本边际产出弹性的有效途径。

(四)创新驱动

创新和技术进步一直是经济长期增长的关键动力源,对我国经济增长的重要性也日益凸显。从创新角度看,李宏彬等(2009)利用中国1983—2003年省级面板数据,实证研究了企业家的创业和创新精神对经济增长的影响,结果显示,企业家的创业和创新精神对经济增长有显著的正效应。张优智(2017)研究了三种类型的专利对中国经济增长的非线性影响,表明发明专利有效地促进了中国经济增长,而实用新型专利和外观设计专利对中国经济增长具有一定的抑制效应,说明中国在这两个专利层面存在较为明显的专利"泡沫"现象。

从技术进步角度看,范柏乃等(2004)实证分析了中国经济增长与科技投入之间的关系,结果表明,科技投入是引起经济增长的重要原因,要重视优化科技投入的结构和提高科技资源的使用效率。蔡跃洲和张钧南(2015)依托增长核算框架,对1977—2012年中国经济增长的来源进行了细致分解,实证结果表明,充分发掘ICT(information and communication technology,ICT)的替代效应和渗透效应,有望为转变发展方式、保持中高速增长提供新的动力源。

还有不少学者从全要素生产率(TFP)角度进行研究,比如傅晓霞和吴利学(2007)利用1978—2004年省级面板数据,对随机前沿分析和数据包络分析在中国全要素生产率核算中的适用性进行了比较。结果发现,对于改革以来的中国经济增长,随机前沿分析可能是更为适用的生产率分析工具。王小鲁等(2009)研究发现,改革开放以来我国TFP呈上升趋势。刘瑞翔(2013)基于绿色增长核算框架,利用1989—2010年中国省级面板数据,对中国整体及各地区经济增长源泉进行分析,测度了 TFP、要素投入和环境消耗对经济增长波动的影响,研究表明,中国经济增长主要由要素投入驱动,且与 TFP 呈现一致的波动趋势。

(五)外部影响

开放一直与改革相伴而行。2001 年中国成功加入 WTO 后,外部影响带来的机遇和挑战长期并存。从外商直接投资(FDI)角度看,沈坤荣(1999)结合国际资本流入的结构与特征分析了外商直接投资对中国宏观经济增长的效应。陈浪南和陈景煌(2002)从总供给的角度研究了外商直接投资对中国经济增长的影响,结果表明,外商直接投资对中国某些经济变量有相当程度的影响。郭熙保和罗知(2009)的研究表明,FDI 的促进作用显著大于国内固定资本投资;在 FDI 吸收较多的地区,高技术水平的 FDI 较有利于经济的增长。

从 FDI 对经济增长的影响机制来看,王成岐等(2002)考察了影响中国引入 FDI 与经济增长关系的诸多因素,发现东道主的经济技术水平和政策因素均强烈地影响着 FDI 与经济增长之间的关系。在经济发达地区,FDI 对于经济增长的影响更强烈。江锦凡(2004)在经济增长理论框架的基础上纳入 FDI 变量,着重就 FDI 对中国经济增长的影响进行了理论和经验分析,发现 FDI 在中国经济增长中存在资本效应和外溢效应两方面的作用。庄丽娟和贺梅英(2005)对 1984—2003 年中国服务业利用外商直接投资与经济增长关系进行了实证研究,结果表明,中国存在由服务业利用外商直接投资到经济增长的单向 Granger 因果关系,从具体路径来看,技术效应、贸易效应和就业效应最为显著。

从汇率和贸易角度看,李建伟和余明(2003)的经验分析表明,人民币大幅度升值会对中国经济增长造成巨大冲击,而且也会对世界经济增长产生间接的不利影响。王永齐(2004)构造了一个贸易结构测度指标,通过 Granger 因果关系检验和 VAR 模型估计中国的贸易结构与经济增长的关系,结果显示,中国的贸易结构并不显著影响经济增长。

二、高质量发展的内涵和动力

党的十九大报告指出,我国经济已由高速增长阶段转向高质量发展阶段。什么是高质量发展?有哪些指标来测度高质量发展?高质量发展的动力在哪里?如何有效推动高质量发展?下面从高质量发展的基本内涵、指标体系、推进动力和具体举措几个方面进行相关研究理论的梳理。

(一)高质量发展的基本内涵

不少学者从投入产出关系来定义高质量发展。王永昌和尹江燕(2019)认为,高质量发展是一种生产要素投入少、资源配置效率高、资源环境成本低、经济社会效益好的可持续发展,是我国经济发展的客观要求和必然趋势。发展的中高速、优质化、科技化、金融化、包容化、绿色生态、全球化趋向体现了宏观经济层面高质量发展的基本内涵。任保平(2018)认为,高质量发展需在微观方面关注产品质量与使用价值、价值之间的关系,在宏观方面关注质量循环链、生产力质量和经济增长质量等问题。

还有学者从满足需求的角度进行了阐述。金碚(2018)认为质量是指产品能够满足实际需要的使用价值特性。高质量发展体现经济发展的本真性质。张俊山(2019)认为经济发展的质量是指经济活动实现"向最广大的劳动者提供物质生活资料"的程度。

（二）高质量发展的指标体系

钞小静和任保平（2011）从具有明确外延的经济增长质量的内涵出发，构建出由 28 个基础指标构成的测度经济增长质量的指数，采用主成分分析法（PCA）确定各指标的权重，对中国及各地区 1978—2007 年经济增长质量的测度结果表明，经济转型以来的 30 年间我国总体层面和区域层面的经济增长质量水平都获得了一定程度的提高，但是各地区之间的经济增长质量水平却存在很大差异。魏敏和李书昊（2018）测度了新时代中国经济高质量发展水平并分析了其空间分布规律，构建了涵盖经济结构优化、创新驱动发展、资源配置高效、市场机制完善、经济增长稳定、区域协调共享、产品服务优质、基础设施完善、生态文明建设和经济成果惠民等 10 个方面的经济高质量发展水平测度体系。刘志彪（2018）认为，进入高质量发展阶段需要构建包括发展战略转型、现代产业体系建设、市场体系深化、分配结构调整、空间布局结构优化、生态环境补偿机制，以及基于内需的全球化经济等在内的支撑要素。

还有学者从相对角度进行研究，比如凌文昌和邓伟根（2004）对改革开放以来中国产业转型指标进行了分析，揭示了中国经济增长的速度和质量与产业转型之间的关系。张兵和魏玮（2018）对经济增长质量的内涵和影响因素进行了界定，并通过经济增长"质量距离指数"指明世界范围内中国经济增长质量所处的位置。

（三）高质量发展的推进动力

卫兴华和侯为民（2007）认为，中国目前的经济增长在实际运行中仍具有粗放型特征，这制约了经济的可持续发展和国际竞争力的提高。从中国经济发展所处的阶段和现实国情看，集约型增长是经济增长方式的必然选择。沈坤荣和金刚(2018)指出了地方政府竞争理论的成功之处,并从矫正地方政府行为的角度,提出适应新环境、构筑新动力以及拓展新空间是推动中国经济走向高质量发展的必然路径。陈昌兵(2018),任保平(2018)等认为创新是新时代我国经济高质量发展的动力。金碚(2018)认为,更自觉地主攻能够更直接体现人民向往目标和经济发展本真目的的发展战略目标是高质量发展的新动力机制,其供给侧是创新引领,需求侧则是人民向往。余泳泽和胡山(2018)提出了中国经济高质量发展的基本路径:以创新驱动作为推动经济高质量发展的第一动力,以市场化改革作为推动经济高质量发展的主要抓手,以新一轮对外开放作为推动经济高质量发展的重要手段,以提高人民生活质量作为推动经济高质量发展的主要目标。

从金融层面看,温涛和张梓榆(2018)基于 1998—2012 年全国省级面板数据的研究发现,从全国总体情况来看,信贷扩张和研发投入对经济总量增长均起到了促进作用,但研发投入的作用强于信贷扩张。因此,在新常态下:推动中国经济发展,需要信贷扩张形成的资本要素,更需要研发投入形成的创新要素。

(四)高质量发展的具体举措

从推动产业发展角度看,张永恒和郝寿义(2018)认为高质量发展的关键在于供给层面,需要从产业优化升级的约束和目标对其路径进行分析,推动产业优化升级,应从提高要素流动形式多样化、提升各类要素禀赋等级、细化要素禀赋分类、创造更多具有创新性的新要素等四方面着手。从对外直接投资角度看,孔群喜和王紫绮(2019)基于微观层面的企业数据研究表明,企业进行对外直接投资(OFDI)能促进我国质量型经济的发展,尤其对经济增长效率及可持续性的贡献突出;另外,其对经济增长质量的积极作用存在时滞效应。

在所有制层面,黄速建等(2018)提出要以国有企业个体发展的动力转换、战略转型、效率变革、能力再造、管理创新和形象重塑为核心途径,推动国有企业高质量发展在个体层面和整体层面得到真正实现。刘现伟和文丰安(2018)支持推动民营经济高质量发展,表示应进一步放宽民营企业的市场准入,大力拓展民间投资的发展空间;应降低实体经济成本,助力民营企业摆脱融资困境,构建清新型政商关系,持续优化营商环境;提振民营企业家信心。

在区域层面,刘淑春(2019)以浙江省实践为例,认为从外部倒逼转向内生驱动、从要素驱动转向创新驱动、从先行先富转向共赢发展、从发展优先转向绿色优先、从开放大省转向开放强省是有效措施,应继续积极探索高质量发展有效路径,并以新发展理念为指引,坚持高质量发展导向,大力推动质量变革、效率变革、动力变革,加快建立结构调整、动能转换以及制度变迁协同推进的动力机制和现代化经济体系。

三、金融发展对经济增长的影响

(一)金融发展理论概述

自美国经济学家戈德史密斯提出金融结构理论(Goldsmith,1969)后,人们在研究金融发展与经济增长的关系问题时再也无法忽视结构分析。关于金融结构的定义、金融结构与金融发展的关系,理论界也存在不同的观点(Demirgüç-Kunt,Levine,1999;Beck,Demirgüç-Kunt,Levine,2000;Beck,Demirgüç-Kunt,2009;Beck,Demirgüç-Kunt,Singer,2013;Torre,Feyen,Ize,2013)。戈德史密斯认为金融结构就是金融工具与金融机构的相对规模,金融结构的变迁就是金融发展。后续的研究则对戈德史密斯的金融结构理论进行了修正与补充,拓展了金融结构的定义,提出了量性金融发展与质性金融发展相统一才是金融发展的观点。目前,关于金融结构的理论研究仍在不断地发展与完善。在金融结构与经济发展是否相关的问题上,尽管存在银行主导论、市场主导论、金融服务论等观点(Levine,2002;Lin,Sun,Jiang,2009),但均肯定了基于金融结构的金融体系对实体经济的作用并非中性的观点(Rajan,Zingales,1998;Demirgüç-Kunt,Levine,2004;Demirgüç-Kunt,Levine,2012;Harper,McNulty,2008)。衡量一个国家金融结构的优劣,关键是看金融结构与经济结构的适应性(Levine,et al.,2000)。金融结构优化的动力来源于实体经济结构升级对金融服务的需求,金融结构变化适应实体经济结构升级,才能促进经济增长,否则会出现金融抑制,或者金融超出实体经济过度发展而引发泡沫。

Patrick(1966)提出了金融发展中的“供给主导论”和“需求追随论”。“供给主导论”强调金融服务供给先于实体经济对金融服务的需求,金融对实体经济有着自主的积极影响;“需求追随论”强调经济主体会产生对金融服务的需求,从而促进金融发展。在经济发展初期,“供给主导”居于主导地位,随着经济的发展,“需求追随”开始发挥作用。一些经验研究表明,在人均收入水平较低的发展中国家,供给领先的金融发展模式的效应较为明显,其对经济增长具有较强的正面效应;而在人均收入水平较高的发达国家,这一效应并不明显。这说明,供给领先的金融发展模式对发展中国家而言具有更为重要的意义。王书华和杨有振(2011)认为,当前我国经济正处于转轨时期,资本由稀缺变得相对丰富,法律制度和市场体系渐趋完善,金融需求日趋复杂化和多样化,金融发展当由“供给主导”和“需求追随”机制共同作用实现,金融发展既是经济发展的因,也是经济发展的果,无论是研究我国金融总量问题,还是结构问题,均不能独立于实体经济之外。

还有一些学者从金融结构影响消费、收入分配等角度研究了金融结构对经济增长的间接影响。方浩文(2013)从金融结构约束的视角对中国金融结构、经济结构与消费波动的关系做了实证研究。Granger 因果检验表明,短期内消费波动是金融结构变化的 Granger 原因,消费波动是经济结构变化的 Granger 原因。从长期来看,中国金融结构、经济结构与消费波动之间存在唯一长期均衡关系,经济结构变化是金融结构变化的原因,消费波动对金融结构、经济结构的影响随着时间的推移,其影响力逐渐增强。因此,提高消费能力对中国经济持续健康发展具有重要的战略意义。杨俊和王佳(2012)主要从金融分工和企业融资角度来考察金融结构,基于中国 2000—2009 年省级面板数据,在进行异质性检验的基础上运用 FMOLS 进行了估计,对金融结构与收入不平等的长期趋势和内在作用渠道进行了分析,表明直接融资比例提高会降低收入不平等的程度;金融结构影响收入不平等的经济增长渠道不畅,劳动力需求渠道基本通畅。

(二)经济结构与金融结构

进入 21 世纪以来,国内外学者开始重视经济结构与金融结构之间的关系(Beck,Levine,2002;Binh, Park, Shin,2006;Allen, Bartiloro, Gu, et al.,2016)。殷孟波和贺国生(2001)认为经济结构决定金融结构,金融结构对经济结构有反作用,并以西南地区为研究对象,对通过优化金融结构促进经济结构优化的机制进行了实证研究。李茂生和李光荣(2001)认为,经济结构与金融结构的关系本质上就是金融与经济的关系,优化金融结构的最主要任务是优化金融业的所有制结构、金融机构结构等。李西江(2012)认为,金融发展能够从多个角度影响经济结构优化,一国的金融结构应当与实体经济结构相适应。现阶段,我国金融结构不平衡问题突出，主要体现在金融工具和金融机构发展不平衡、城乡金融发展不平衡、区域金融发展不平衡等方面。

林毅夫和姜烨(2006)提出要在特定的经济环境中考察金融结构，认为评价一国在一定发展阶段的金融结构是否有效的标准，不是该国金融结构与发达经济金融体系的差异，而是该国金融结构是否与现阶段的要素禀赋结构所决定的实体经济结构相适应，即"最优金融结构理论"。以此理论为基础，孙景德和余霞民(2012)提出了"对称性金融"的概念，认为评价金融结构的优劣应该以与其服务的实体经济的匹配程度即对称性为标准。

董莹莹和廖可贵(2013)对我国经济结构、金融结构和产业结构之间的关系进行了分析，通过协整分析检验得出三者之间存在长期和短期关系。通过 Granger 因果关系检验发现经济结构与金融结构形成了良好互动，但经济结构却并未与产业结构形成双向因果关系，从而可以看出经济转型和金融深化改革尚未到位，我国产业升级水平还有待进一步提高。

综合来看，国内外已有的文献主要集中于影响经济增长的原因、经济增长与经济结构的关系、金融发展和金融结构与经济增长的关系，但对经济结构与金融结构之间的关系还缺乏系统的理论研究，经验研究也处于起步阶段。

四、简要评述

(一)研究成果

从已有大量的对中国经济增长的原因和动力的研究中，大致归纳了中国经济高速增长的主要方面、比较优势和面临的挑战，如表 2-1 所示。

表 2-1　国内外研究者关于中国经济增长动力的分析

增长动力	核心问题	比较优势	面临的挑战
制度变革	市场化,中央—地方关系	制度红利	深层改革
要素驱动	资本	货币扩张	债务杠杆
	劳动力	成本较低	成本抬升
	资源环境	管制宽松	环境约束
创新驱动	技术进步	学习能力	原创性较弱
内需拉动	投资	高储蓄率	边际收益递减,储蓄率下滑
	消费	消费升级	收入约束
	政府	地方动员	与市场关系,竞争中性
外部影响	贸易,FDI	后发优势、技术溢出	贸易摩擦,知识产权保护

　　制度变革是增强经济活力、推动经济发展的重要力量。其核心问题是如何处理好政府与市场关系以及中央与地方关系。改革开放以来,中国通过各项举措的阶段性实施,逐步深化改革,扩大对外开放,释放了巨大的制度红利,有力地推动了经济增长。但当前改革开放进入深水区,面临一些深层次矛盾,需要从推动顶层设计和激发市场活力两方面协同推进。

　　从供给侧角度看,在较长一段时期内,要素驱动,包括货币资本扩张、劳动力供给充分和成本竞争力等方面的优势是我国经济快速发展的主要动力。但随着绿色发展和可持续发展理念的深入,传统要素驱动增长的模式正面临债务杠杆、成本抬升、环境约束等方面的挑战,创新逐渐成为保持经济长期增长和竞争力的关键力量。

　　在当前形势下,创新驱动对我国发展的意义日益突出。同时,我国的创新也正由学习模仿、干中学逐步向原创转变,因此需要通过深化供给侧结构性改革,进一步释放制度红利加以保障。

　　从需求侧角度看,投资、消费和进出口三驾马车对拉动经济增长发挥了巨大的作用,原因在于我国具备高储蓄率优势、广阔的消费者市场,以及以加工制造为主体的外向型经济比较优势。但随着传统增长模式的驱动力面临"换挡",当前我国经济在不同程度上面临储蓄率下滑、居民收入增长放缓、贸易摩擦加剧等方面的挑战。因此需要积极构建以国内大循环为主体、国内国际双循环相互促进的新发展格局加以应对。

从发展趋势来看,要实现高质量的发展,更多的是要从需求驱动向需求侧、供给侧协同驱动转变;从供给侧来看,要从要素驱动向要素驱动和创新驱动协同驱动转变;从需求侧看,要从投资拉动向投资和消费协同驱动转变;从内外关系来看,要从倚重外需向内外需协同驱动转变。同时,需要进一步深化改革,完善顶层设计,释放制度红利,同时激发市场活力,鼓励和保护创新。

(二)存在不足

从当前已有的研究来看,目前的研究仍然存在以下不足:第一,高质量发展比较缺乏系统性研究。关于高质量发展的内涵,虽然研究十分丰富,但多数集中在对高质量发展的表现进行刻画,或者从一定的维度罗列高质量发展的指标,比较缺乏理论研究基础,研究主要侧重静态或者比较静态研究。第二,关于金融发展如何推动高质量发展的研究相对不足。已有的研究主要从金融支持经济增长的一般化分析视角进行研究,缺乏从系统的角度以及内在机制的角度进行研究,尤其是经验研究。第三,对金融发展中的结构性因素不够重视,对金融结构与高质量发展相关关系缺乏理论与经验研究。

因此,本书将着力从以下几方面加以深化:第一,从结构和动力的角度,动态刻画高质量发展的内涵。本书认为,高质量发展是一个动态演进的过程,经济结构的优化以及推动经济结构优化的动力、不同推动力之间的相互关系是研究高质量发展的重点和关键。第二,深入研究金融发展,尤其是金融结构推动高质量发展的内在机制。第三,对金融结构影响高质量发展的机制进行细致的经验研究。

第二节　经验事实

一、中国经济增长:经验事实

从经济增长的长趋势来看,改革开放 40 多年来,中国经济总体上呈现快速增长的趋势,但也存在比较显著的阶段性特征。从制度变革的角度看,改革开放释放的制度红利,分为三个主要阶段:一是改革开放初期,把工作重心转移到经济建设上来;二是 20 世纪 90 年代初期,以建立中国特色社会主义市场经济体制为目标;三是以加入 WTO 为契机,融入世界经济大循环。尤其是第三阶段,在改革开放的引领下,各种要素的配置在市场经济体制建立和完善过程中得以优化,经济总量快速增长,在正式加入 WTO之后的第 10 年超越日本成为世界第二大经济体。这一阶段的经济增长主要由劳动、资本等要素驱动,需求拉动,外向型经济特征显著,如图 2-1 所示。

从实际成效来看,中国经济高速增长在过去的 40 年中成为世界经济体系中最值得关注的现象之一。到 2017 年底,以购买力平价汇率计算①,中国经济体量接近美国的 70%,接近欧盟,远超日本,如图 2-2 所示。

---

① 以购买者价格计算的 GDP 是一个经济体内所有居民生产者创造的增加值的总和加上任何产品税并减去不包括在产品价值中的补贴。计算时未扣除资产折旧或自然资源损耗和退化。数据为现价美元。GDP 的美元数据采用单一年份官方汇率从各国货币换算得出。对于官方汇率不反映实际外汇交易中所采用的有效汇率的少数国家,采用的是替代换算因子。

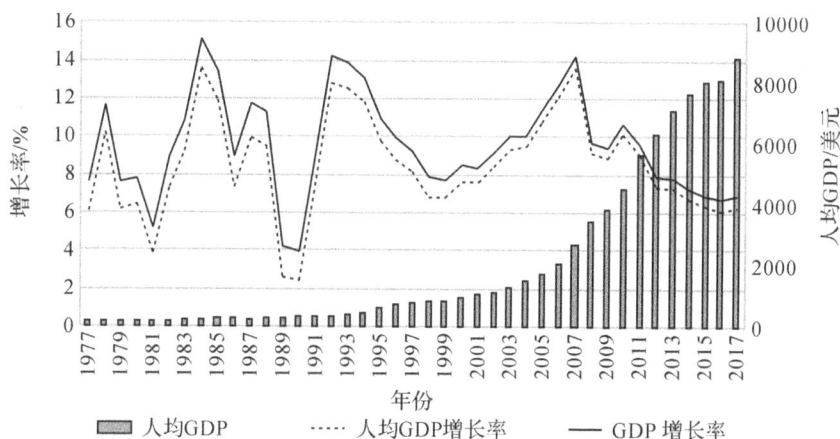

图 2-1　1977—2017 年中国的经济增长情况

数据来源：PWT9.1。

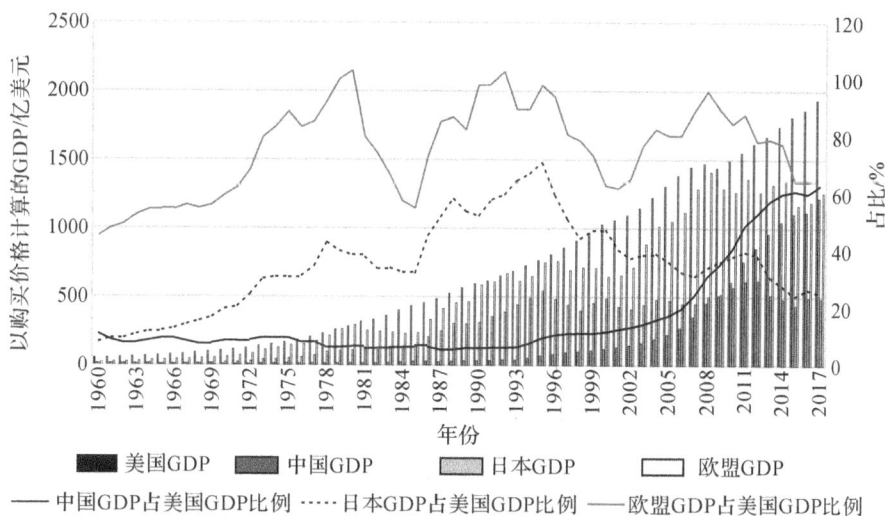

图 2-2　1960—2017 年主要经济体 GDP 及其占美国 GDP 比例

数据来源：世界银行数据库。

　　此外，中国经济增长带来的另一显著变化是，按国家贫困线衡量的贫困人口比例（占人口的百分比）快速下降，从 2010 年的 17.2％，下降为 2017 年的 5.7％。反映贫富差距的基尼系数也呈显著下降，从 2000 年的 43.7％，下降为 2017 年的 38.6％，如图 2-3 所示。

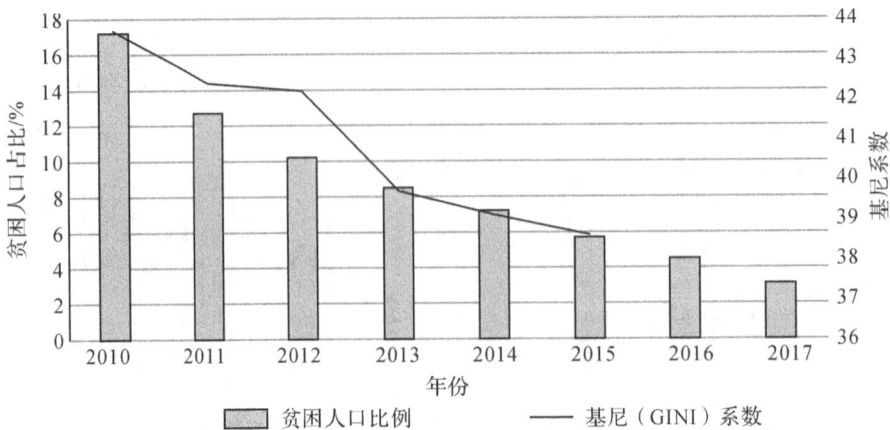

图 2-3　2010—2017 年中国减贫成效与分配改善情况

数据来源:世界银行数据库。

二、增长的特点:国际比较

(一)经济规模比较

改革开放以来,中国经济的快速增长使得中国经济规模迅速占据世界前列位置。按照 PWT9.1 的测算,我国经济总量在 2017 年底(按照链式 PPP 计算)已到达 18.40 万亿美元,超过同期美国的 18.22 万亿美元,是印度规模的 2.19 倍、日本的 3.60 倍和韩国的 9.56 倍,如图 2-4所示。

(二)经济结构比较

从经济结构的变化来看,美国的消费占比总体上稳步上升,截至 2017 年,占比超过 70%;日本也呈现上升趋势,占比在 60% 左右;韩国总体上保持稳定,占比在 50% 左右。而新兴经济体则呈现下降趋势,中国

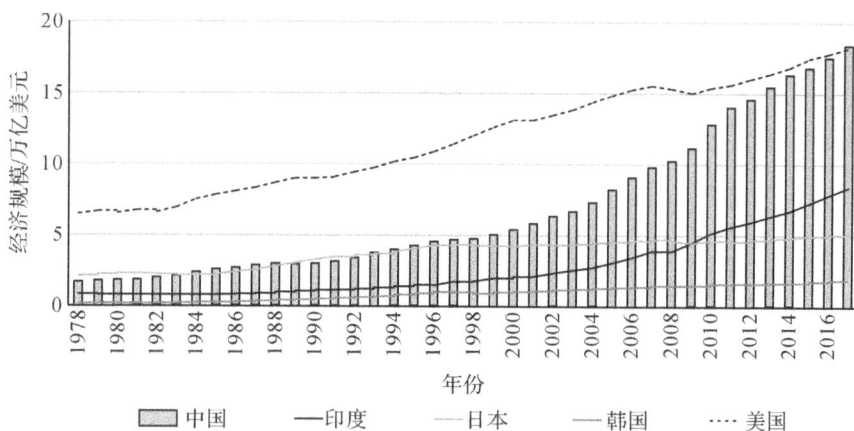

图 2-4　1978—2016 年典型国家经济规模(按照链式 PPP 计算)

数据来源:PWT9.1。

从高峰时期的占比超过 60%下降到略超过 30%,下降约 30 个百分点;印度也从高位的超过 70%下降到 60%左右,下降约 10 个百分点,如图2-5所示。

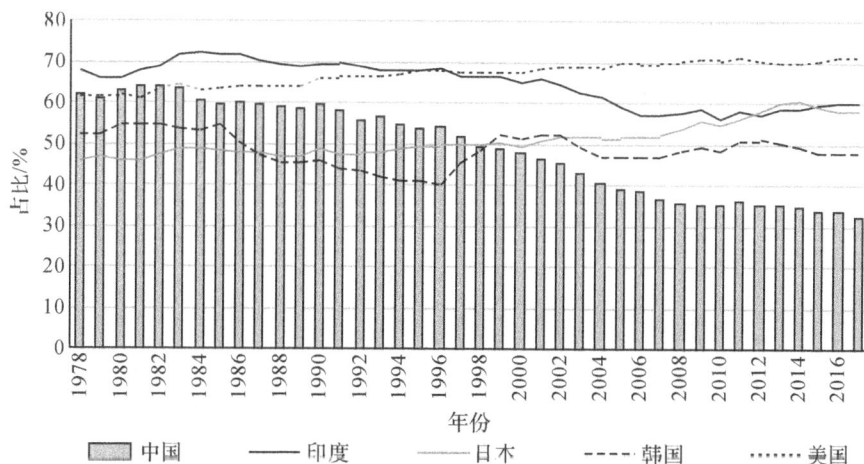

图 2-5　1978—2016 年典型国家消费占 GDP 比例

数据来源:PWT9.1。

从出口占比来看,韩国占比最高,近期在 50%左右波动;中国和日本比较接近,近期在 20%左右波动;其后是美国,印度最低,如图 2-6 所示。

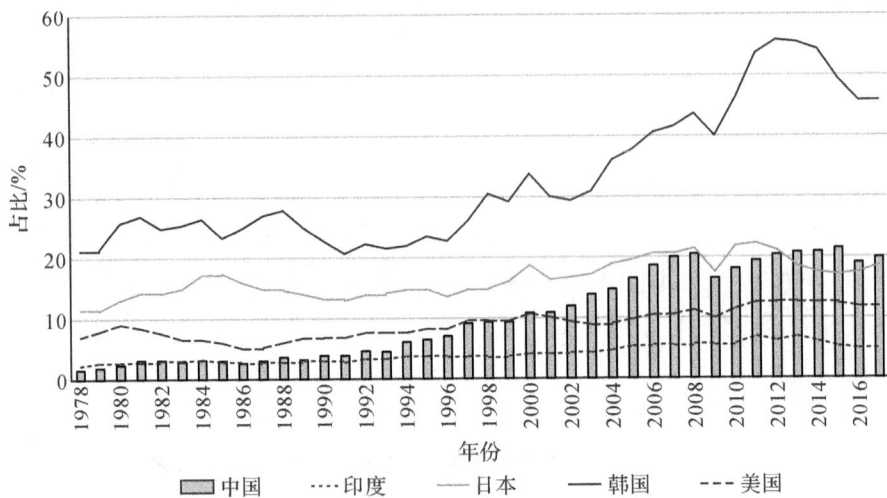

图 2-6　1978—2016 年典型国家出口占 GDP 比例
数据来源：PWT9.1。

从技术进步角度来看，则呈现比较显著的梯度特征。如果把美国的全要素生产率(TFP)设定为 100%，那么发达国家日本和韩国约为美国的 70% 左右，而作为新兴经济体的中国和印度，约为 40%。值得注意的是，我国的 TFP 发展相对水平有所波动，总体上比较稳定，但 2010 年以后面临新一波下行的压力。相对而言，印度的 TFP 水平在近 15 年呈现上升趋势，如图 2-7 所示。

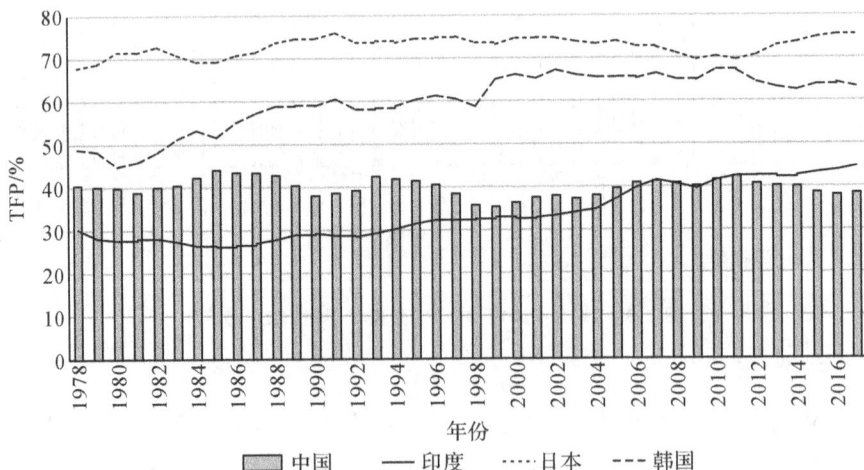

图 2-7　1978—2016 年典型国家 TFP 水平(以美国为 100%)
数据来源：PWT9.1。

三、金融结构比较

（一）典型国家金融结构比较

从典型国家的比较分析来看,在发达国家中,日本作为银行主导的代表,国内信贷占 GDP 的比例最高,2017 年末比例接近 350%。美国虽然直接融资发达,但作为金融强国,国内信贷占 GDP 的比例也较高,接近250%。作为后起之秀,韩国国内信贷占 GDP 的比例在 2000 年以后有一个快速增长的过程,目前在 170%左右。在新兴经济体中,中国国内信贷占 GDP 的比例总体呈现波动上升的趋势,增长较快,目前接近美国水平。印度则相对增长平缓,国内信贷占 GDP 的比例不到 100%,如图 2-8 所示。

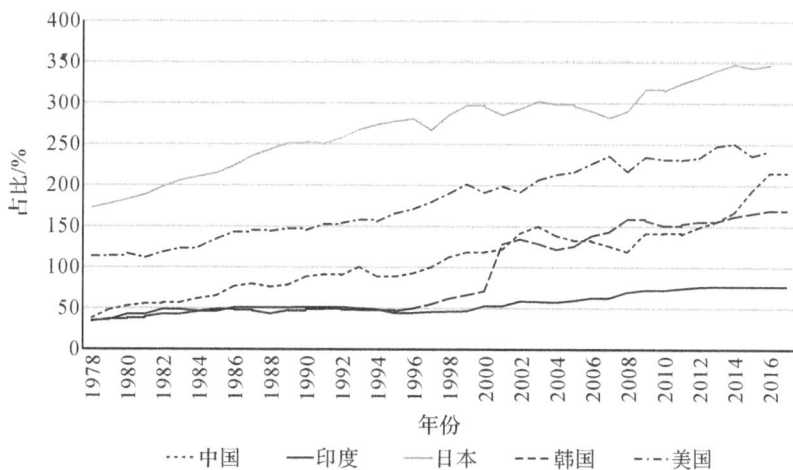

图 2-8　1978—2016 年典型国家国内信贷/GDP 比较

数据来源:PWT9.1。

从直接融资角度看,在发达国家中,美国比例最高,上市公司市值占GDP 比例超过 160%;其次是日本和韩国,上市公司市值占 GDP 比例为120%左右。新兴经济体的中国和印度占比较低,不到 100%,如图 2-9 所示。

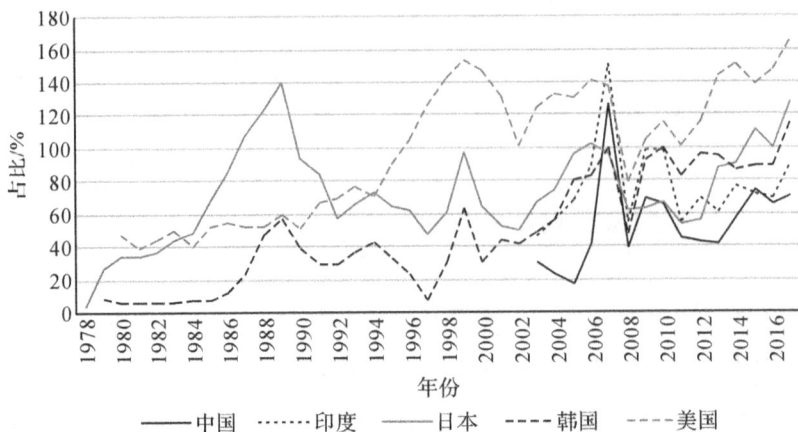

图 2-9　1978—2016 年典型国家上市公司市值/GDP 比较

数据来源:PWT9.1。

综合来看,(国内信贷＋上市公司市值)占 GDP 比例最高的是日本和美国,两者合计占比都在 400％左右;其次是中国和韩国,接近 300％;印度最低,不到 200％,如图 2-10 所示。

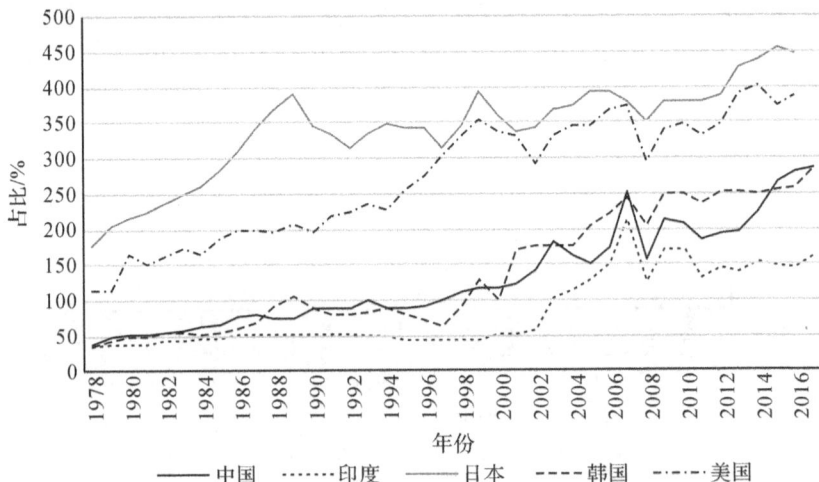

图 2-10　1978—2016 年典型国家(国内信贷＋上市公司市值)/GDP 比较

数据来源:PWT9.1。

从典型的发达国家和新兴经济体比较来看,用间接融资规模和直接融资规模之和测度的金融发展水平与经济发展水平总体上呈现正相关关系,但也存在比较显著的结构性差异。从间接融资规模占比来看,5国排序是日、美、中、韩、印;从直接融资规模占比来看,5国排序是美、日、韩、印、中;从两者合计占GDP比例来看,5国排序是日、美、中、韩、印。

总体来看,由于间接融资规模平均水平较高,对总体金融发展的影响较大,但对经济增长,尤其是经济高质量发展的影响力是否也与其规模的占比相适应有待验证。如果只考虑金融发展总体规模,可能就会把金融对经济的影响聚焦在间接融资上(主要是银行信贷),而忽视了直接融资以及更深层次金融结构对经济发展的影响。相比于金融发展规模,这种金融结构层面的异质性可能蕴含更加丰富的信息,这也是本书理论研究的事实基础和逻辑起点。

进一步考察典型国家的金融结构(用上市公司市值/国内信贷测度),发现存在几个典型的经验事实:第一,与侧重规模的金融发展指标(如国内信贷/GDP、上市公司市值/GDP等)总体上呈现波动上升的趋势不同,直接融资与间接融资之间的比例关系同样有波动,但并没有呈现趋势性上升或下降变化;第二,相对而言,典型发达国家(美、日、韩)的波动范围较小,新兴经济体(中、印)的波动幅度较大;第三,从数值上看,典型发达国家与新兴经济体均值接近,并没有存在整体上的分界线,如图2-11所示。

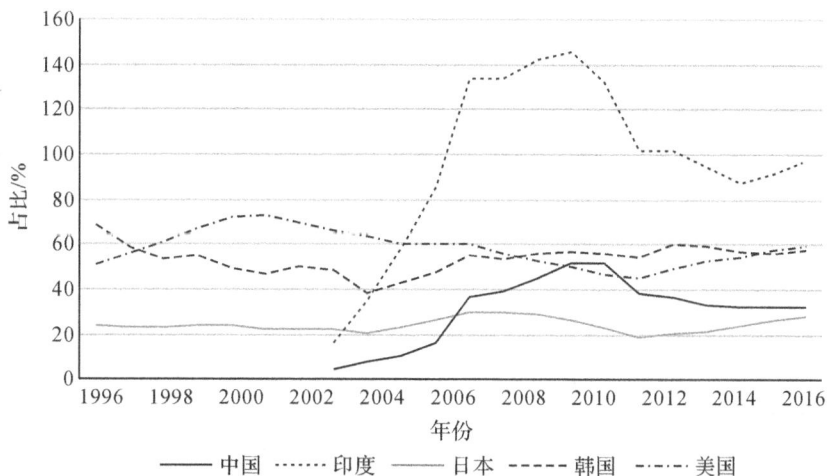

图2-11 1996—2016年典型国家金融结构(上市公司市值/国内信贷)比较

(二)G20 经济体金融结构比较

下面通过扩大样本范围和拉长样本时间范围,进一步考察金融结构的变化。我们以 G20 经济体为例,样本区间确定为 1971—2014 年,以上市公司市值/国内信贷测度的多数经济体的金融结构均值落在 50%~90%范围内,最高为韩国,其次是英国、美国;最低是俄罗斯,其次是墨西哥和印度。总体来看,发达经济体的直接融资/间接融资比例相对较高(均值为 80.98%),高于新兴经济体约 18 个百分点。从标准差来看,发达经济体之间差异较小,而新兴经济体之间差异较大,后者标准差约为前者的 1.7 倍,如表 2-2、图 2-12 所示。

表 2-2　G20 经济体金融结构比较

G20 经济体	均值/%	样本数	标准差
发达经济体	80.9842	396	18.01706
欧盟国家	81.5620	176	16.41760
G7	78.9662	308	17.89734
新兴经济体	63.1592	396	30.71470
金砖 5 国	65.0448	220	34.24381
总计	72.0717	792	26.69710

注:由于沙特阿拉伯的金融结构具有特殊性,因此没有列入比较。

如果按照年份(每 5 年一个周期求平均值)来比较,总体样本上有波动,但基本围绕 70%的比例上下波动。但值得注意的是,在 2006—2010 年周期以前,发达经济体的比例高于 80%,新兴经济体的比例低于 70%;此后出现了反转,发达经济体下降比较显著,而新兴经济体稳中有升,两者呈现反向运动[1],如图 2-13 所示。

---

　① 造成发达经济体与新兴经济体金融结构出现反转可能的原因比较复杂,比如 2008 年次贷危机以及随后的欧债危机给发达经济体的股市造成了较大的负面冲击,导致股市市值出现较大幅度的下滑,其他原因见后续章节的分析。

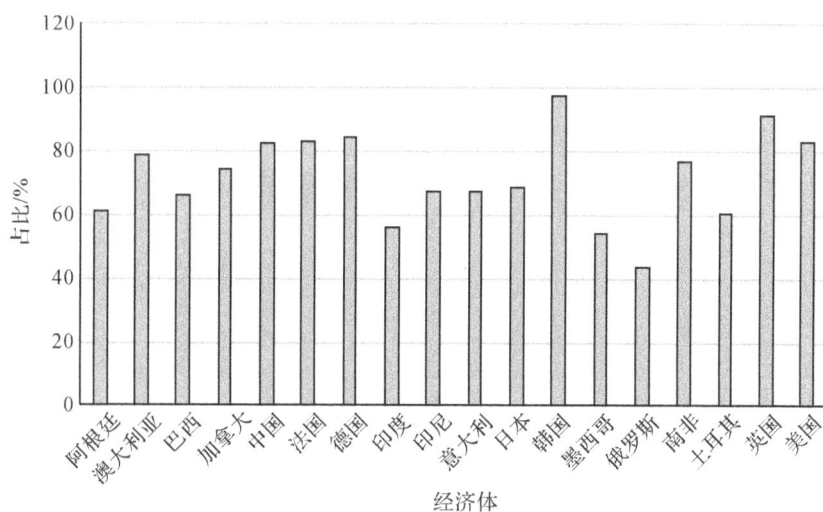

图 2-12　G20 经济体金融结构比较

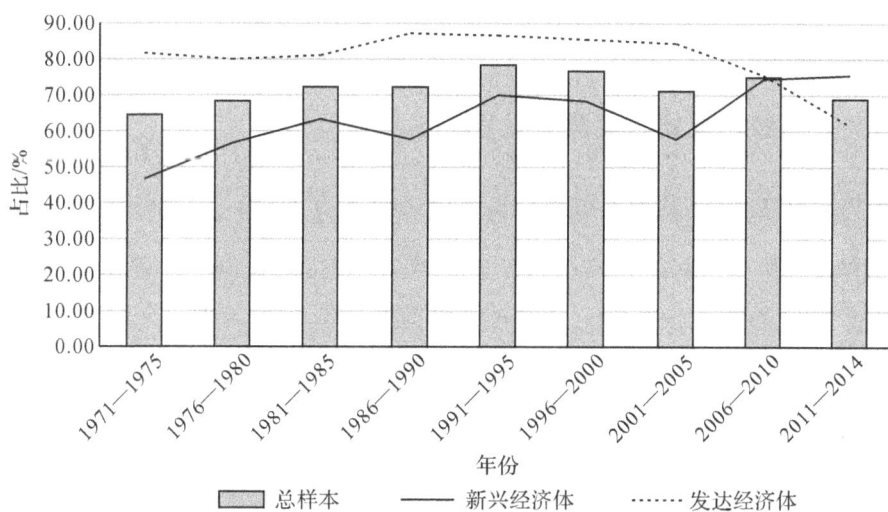

图 2-13　1971—2014 年发达经济体与新兴经济体金融结构比较

第三节　理论框架

一、经济发展中的结构变迁

在梳理若干基本概念的基础上,依据上一节的经验事实,本节提出本书的核心假说:黏性金融结构假说;然后构建基本分析框架,阐释金融结构与高质量发展之间的关系。

(一)经济发展与高质量发展

一般认为,经济发展可以从两个层面加以考察:一是经济增长,主要表现为较快的增长速度和规模扩张;二是结构优化,主要表现为经济内部三次产业之间的比例关系、不同产业之间的比例关系,消费、投资、进出口之间的比例关系,拉动经济增长的不同因素贡献率的比例关系,影响经济增长的制度性因素等方面发生的系统性变迁。

高质量发展主要体现在结构优化层面。尽管高质量发展在逻辑上并不排斥较高的增长速度,但从理论基础和经验事实来看,高质量发展主要表现为结构优化。在经济发展的第一阶段,主要表现为经济快速增长和规模扩张;在经济发展的第二阶段,主要表现为经济增速放缓和经济结构优化。经济增长和结构优化并不存在绝对的相互排斥,但侧重点有所不同。在第一阶段,伴随着经济增长,经济结构也在优化;在第二阶段,结构优化是主要方面,但仍然保持一定的增长速度。

(二)显性金融结构与隐性金融结构

经典的金融结构理论主要侧重金融市场和金融中介的相对重要性(Goldsmith,1969;Levine,2002),基于新结构经济学理论,林毅夫(2009)系统阐述了最优金融结构理论,探讨金融结构与经济结构的匹配度,并把制度因素也纳入金融结构。本书进一步拓展了金融结构的内涵,把金融功能的结构性差异因素也纳入考虑范围,因此,得到"工具—制度—功能"三维立体的金融结构,如图 2-14 所示。

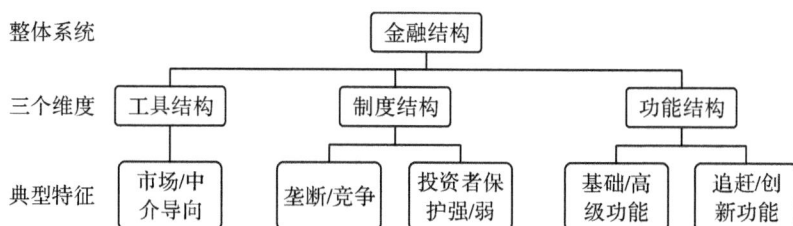

整体系统　　　　　　　　金融结构

三个维度　　工具结构　　　制度结构　　　　　功能结构

典型特征　市场/中介导向　垄断/竞争　投资者保护强/弱　基础/高级功能　追赶/创新功能

图 2-14　金融结构的三个维度及其典型特征

从工具层面看,金融结构主要体现为金融市场和金融中介的比例关系;从制度层面看,金融结构主要体现为金融业内部的垄断和竞争程度,以及相关法律制度对投资者保护程度的强弱;从功能层面看,金融结构主要体现为金融实现的基础功能和高级功能之间的比例关系,追赶功能和创新功能之间的比例关系。

从金融结构的表征程度来看,工具层面的金融结构比较容易测度,最为典型的就是金融市场与金融中介的比例关系,可以用上市公司市值/国内信贷等经典指标测度,可称之为显性金融结构。而制度层面和功能层面的金融结构比较难以用特定的指标测度,前者在法与金融学领域中用法律制度起源(大陆法系或英美法系)来加以定性刻画,后者则缺乏测度指标,因此可把这两者称为隐性金融结构。

二、黏性金融结构假说

黏性金融结构假说是指金融结构的变化是缓慢的,多数情况下滞后于经济结构的变化。造成黏性金融结构的原因与"工具—制度—功能"三维立体金融结构模型具有内在一致性,包括黏性工具结构、黏性制度结构与黏性功能结构。

黏性工具结构是黏性金融结构的显性表征,表现为市场导向和中介导向的金融体系和与之相对应的金融工具结构(金融体系内股票、债券、银行信贷等金融工具的比例关系)具有稳定性,直接融资与间接融资的比例长期保持相对稳定。从具体指标来看,即上市公司市值/国内信贷的比例总体上保持稳定。如图 2-13 所示,如果以每 5 年为一个周期求平均值比较来看,无论是发达经济体还是新兴经济体,基本围绕70%的比例上下波动。影响黏性工具结构的原因是多方面的,主要包括黏性金融制度和黏性金融功能两方面,即黏性制度结构和黏性功能结构。

黏性制度结构主要从制度层面解释黏性金融结构。制度变迁理论认为,通常情况下制度变迁是缓慢的、停滞的,广泛存在路径依赖现象。金融业又是高度依赖法律制度的行业,因此金融制度通常是相对稳定的。反之,如果制度发生变革,那么就可能对显性的金融结构即工具结构产生较大影响。典型的制度结构变迁包括关于混业经营—分业经营的变革、反垄断和市场准入制度的变革、金融监管的加强或放松、投资者保护措施的加强等。

黏性功能结构主要从功能层面解释黏性金融结构。金融功能观认为,金融功能比金融机构更加稳定。黏性功能结构稳定是金融功能稳定的主要表现。常见的金融功能既包括支付结算等基础金融功能，又包括资源配置、风险管理等高级金融功能。金融功能的种类基本保持稳定，具有黏性，但是金融功能之间的比例关系可能会发生演进，因此功能结构也会发生变化。

从总体上看，黏性工具结构是黏性制度结构与黏性功能结构的表现，反过来，黏性工具结构又可能进一步增强制度结构与功能结构的"黏性"。因此，尽管可能有失偏颇，但在没有更好的测度指标出现之前可以大体上用工具结构指标（即显性金融结构）来表示整体的"工具—制度—功能"三维立体的金融结构（显性金融结构和隐性金融结构）。①

从指标测度上看，前述经验事实说明，工具结构的变化总体上比较缓慢，但是新兴经济体的金融结构变化相对比较显著，可理解为，相对于发达经济体，新兴经济体金融制度结构和功能结构经历着较大的变化，如表2-3所示。

表 2-3　黏性金融结构的表现与原因

结构名称	结构属性	典型特征	黏性表现	可能原因
工具结构	显性结构	市场/中介导向	整体上平稳，但新兴经济体变化相对显著	与制度结构、功能结构形成正向反馈机制
制度结构	隐性结构	垄断/竞争 投资者保护强/弱	多数情况下金融相关法律制度稳定	法律制度的相对滞后性
功能结构	隐性结构	基础/高级功能 追赶/创新功能	金融功能种类稳定，但比例关系可变	金融功能随经济结构变化而演进

基于经济金融发展的关系，从理论上看，金融发展的目标是形成"最优金融结构"，但由于存在"黏性金融结构"，因此在现实中最优金融结构可能难以实现。从这个角度看，弱化金融结构的黏性，提高金融与经济结

---

① 在没有特定说明的情况下，本书此后提及的金融结构是指整体金融结构。在经验研究中，则以工具结构作为整体金融结构的代理变量。

构的匹配度是优化金融结构、实现高质量发展的关键推动力之一。而要弱化金融结构的黏性,需要进一步考察金融结构影响高质量发展的机制,只有这样才能提高优化金融结构的针对性。

三、经济结构优化与经济增长

(一)经济结构优化与经济增长

从产业生命周期的角度来看,经济结构优化对经济增长的作用体现在新兴的、高附加值的产业得以更快地发展,而传统的、低附加值的以及面临环境约束、技术约束和制度约束的产业占比逐渐下降。

假定总体经济规模 Y 由两部分组成:传统经济部门 Y_{TR} 和高质量发展部门 Y_{HQ},则有

$$Y = Y_{TR} + Y_{HQ} \tag{2-1}$$

将高质量发展部门占经济总体规模比例定义为 η,则有

$$\eta = Y_{HG}/Y \tag{2-2}$$

则 $Y_{HQ} = \eta Y, Y_{TR} = (1-\eta)Y, 0 \leqslant \eta \leqslant 1$。

在经济发展起步阶段,经济增长主要依赖传统产业,因此,此时 $\eta \rightarrow 0$。在经济发展、环境约束、技术约束、制度约束和比较优势等因素的共同作用下,传统产业逐渐失去活力,新兴产业得以发展。因此,从动态角度考察增长贡献度时,传统产业占比逐渐下降,新兴产业占比逐渐上升。

(二)金融结构优化更有利于金融功能的实现

金融体系的功能可分为三大核心功能:一是便利清算和支付的功能。金融体系提供实现商品、服务和资产清算和结算的工具。不同的金融工

具在功能上可以互相替代,运作它们的金融机构也可以不同。二是聚集和分配资源的功能。金融体系能够为企业或家庭的生产和消费筹集资金,同时还能将聚集起来的资源在全社会重新进行有效分配。三是管理和配置风险的功能。金融体系既可以提供管理和配置风险的方法,又是管理和配置风险的核心。风险的管理和配置能够增加企业与家庭的福利。风险管理和配置功能的发展使金融交易和风险负担得以有效分离,从而使企业与家庭能够选择其愿意承担的风险,避开不愿承担的风险。此外,金融体系还具有充分挖掘决策信息和有效解决委托—代理关系中激励不足的问题。

这三大类金融功能中,便利清算和支付的功能是基础性功能,在银行信用体系下已经能够得到较好的解决,而资源配置功能和风险管理功能是更高层次的功能,仅仅依靠银行体系和间接融资无法充分实现。因此,假定一个经济体内一定时期的金融功能 FF 由两部分组成:基础金融功能 FF_{BA} 和高级金融功能 FF_{AD},则有

$$FF = FF_{BA} + FF_{AD} \tag{2-3}$$

将高级金融功能占经济体金融功能比例定义为 θ,则有

$$\theta = FF_{AD}/FF \tag{2-4}$$

则 $FF_{AD} = \theta FF$,$FF_{BA} = (1-\theta)FF$,$0 \leqslant \theta \leqslant 1$。

在经济发展起步阶段,金融发挥的功能主要体现在清算和支付功能即基础性功能上,因此,此时 $\theta \to 0$。随着经济发展程度的加深,金融高层次功能的作用逐渐显露,因此需要更加多元、更加丰富的金融工具、金融产品和金融服务来满足日益复杂的资源配置和风险管理需求。因此,金融结构优化的作用就表现为有利于金融体系能更好、更全面地实现高级金融功能。

(三)金融结构优化推动高质量发展的静态、比较动态分析

综合考虑(2-2)式和(2-4)式,那么,理论上 η 和 θ 之间存在一种最优的比例关系。如果金融结构能与经济结构相匹配,那么就能更好地发挥金融功能,推动经济高质量发展;如果金融结构与经济结构不相匹配,那么金融功能就难以充分发挥作用,推动经济高质量发展就存在障碍,这就是最优金融结构理论的逻辑基础。

从微观金融理论来看,基于信息不对称的金融优序融资理论可以作为经济金融结构匹配的依据之一。以信息不对称理论为基础,并考虑交易成本的存在,优序融资理论认为公司为新项目融资时,将优先考虑使用内部的盈余,其次采用债券融资,最后才考虑股权融资,即遵循"内部融资→外部债权融资→外部股权融资"的顺序。

在 MM 理论的信息对称与不存在破产成本的前提假设条件下,认为当存在公司外部投资者与内部经理人之间的信息不对称时,由于投资者不了解公司的实际类型和经营前景,只能按照对公司价值的期望来支付公司价值,因此如果公司采用外部融资方式,会引起公司价值的下降,所以公司增发股票是一个坏消息。如果公司具有内部盈余,公司应当首先选择内部融资。当公司必须依靠外部资金时,如果可以发行与非对称信息无关的债券,则公司的价值不会降低,因此债券融资要优于股权融资。

四、金融结构与高质量发展一般动态分析框架

从动态角度来看,金融结构优化推动高质量发展的动力同时来自供给侧和需求侧。从金融供给侧看,金融科技的发展、金融制度的完善、信息不对称等问题的缓解,可以有力地增强高层次金融功能的实现水平和

效率;从金融需求侧来看,经济结构转型升级、创新驱动、风险增加对高层次金融功能的需求也在不断加深。

从理论层面分析,金融结构优化支持高质量发展,遵循金融和创新三重耦合,是"双轮驱动"经济高质量发展的基本框架,以下从内在机制和外部动力两个维度开展研究。

(一)微观层面:破解高质量发展约束条件

从微观角度看,以扩展的柯布-道格拉斯生产函数为基础,得到

$$Q=AL^{\alpha}K^{\beta}N^{\gamma} \tag{2-5}$$

式中,L,K,N分别表示劳动、资本和自然资源等基本要素;A表示技术进步;α,β,γ分别表示各生产要素在生产中所占的相对权重,$0<\alpha,\beta,\gamma<1$。

从当前经济高质量发展的目标来看,一方面,需要与整体经济高质量发展相呼应;另一方面,也要突破现有发展中阻碍经济高质量发展的约束条件。从金融角度看,当前经济高质量发展的约束条件,包括面临的融资约束以及背后隐藏的制度约束、环境约束和技术约束。

制度约束主要表现为中小微企业、民营企业相对面临更大的融资约束,因此需要进一步深入发展普惠金融,落实竞争中性;环境约束主要表现为部分传统制造业仍然存在较高能耗、较大污染的情况,因此需要进一步大力发展绿色金融,践行绿色发展理念;技术约束主要表现在传统制造业转型升级和先进制造业产业链价值链攀升动力需要进一步加强,因此需要科技金融助力,通过创新提升制造业核心竞争力。

因此,内在机制主要从破解约束条件和提供持续动力两个层面展开:

第一,从破解约束条件层面看,绿色金融、普惠金融和科技金融发展分别对应破解环境约束、制度约束和价值链锁定;三者耦合发展能够协同

破解约束条件。

第二,从提供动力层面看,内部通过技术创新、流程创新和机制创新,提供企业高质量发展持续动力;外部基于绿色发展、竞争中性和内外需平衡的发展趋势,依托深化改革,释放改革红利,通过政策支持和梯度引领推动经济企业高质量发展。

金融和创新三重耦合、"双轮驱动",通过内部机制和外部动力,共同推动经济高质量发展。金融支持经济结构优化与高质量发展的内在逻辑见图 2-15。

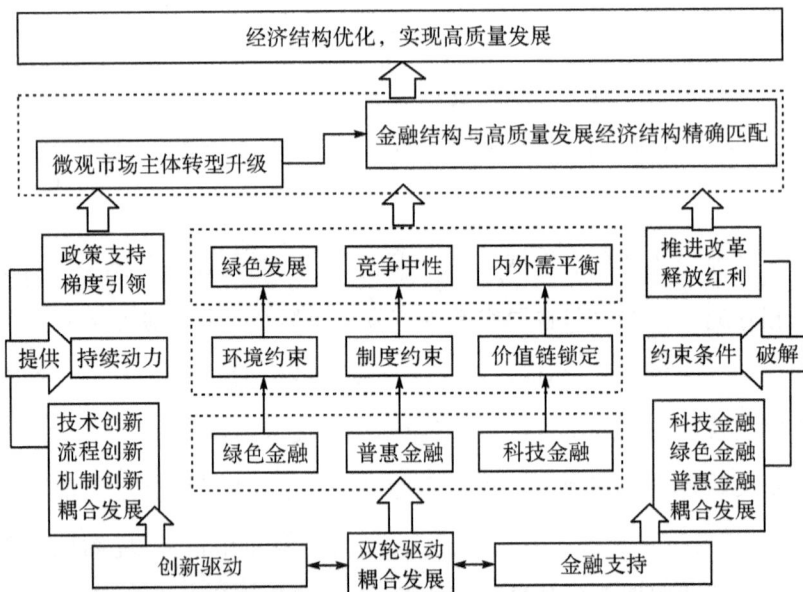

图 2-15　金融支持高质量发展的内在逻辑

(二)区域层面:产业集聚推动价值链攀升

从中观角度看,经济高质量发展可以从经济具体产业和空间集聚的角度展开。

从产业层面来看,存在对产业链、价值链不同的认知。一种观点认为,产业链中游的制造、加工、组装环节附加值较低,处于价值链低端,而产业链两端的研发设计和销售服务环节附加值较高,处于价值链高端。因此价值链攀升的路径是从产业链中间向两端延伸。这种观点被形象地称为"微笑曲线",如图 2-16(a)所示,是宏碁集团创办人施振荣在 1992 年《再造宏碁》一书中提出的。

另一种观点则截然相反,认为真正最丰厚的利润源在"制造"上,这就是 2004 年日本索尼中村研究所所长中村末广提出的"武藏曲线",如图 2-16(b)所示。随后这个观点也得到了调查数据的验证[①],认同"制造+组装"利润率最高的企业非常多。

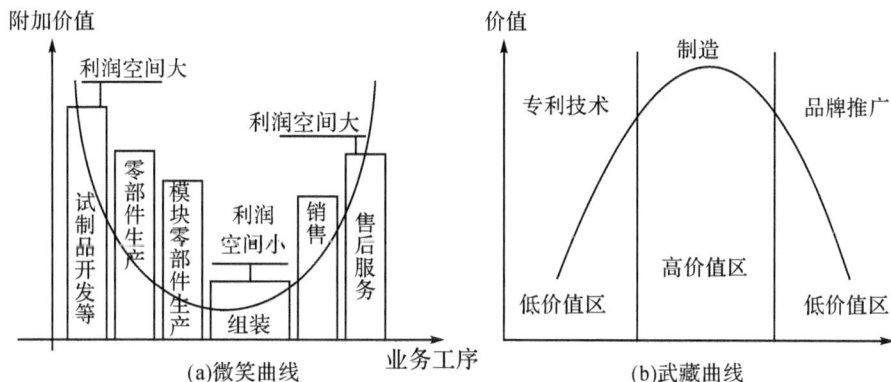

图 2-16 产业链、价值链的不同组合

此外,也有其他相关的研究者提出了不同的看法。比如龙真(2009)认为仅凭技术研发和营销服务无法完成企业目标,对庞大的组织甚至还会造成工作割裂。庄鸿霖和姜阵剑(2010)认为,忽略制造环节容易形成工业空心化的哑铃结构。文婧和张生丛(2009)以晶体硅太阳能电池产业为案例进行研究,发现该产业价值链的利润分布是一条从左上到右下倾斜的曲线,并不符合"微笑曲线"。邓欣(2012)通过对浙江民营企业的考

① 2005 年 6 月出版的《2004 年度制造业白皮书》一书通过对近 400 家制造业企业的调查数据,支持了"武藏曲线"。

察发现，"微笑曲线"有其适用条件，目前很多民营经济不具备大量投入资金、研发人员的条件，无法进行升级。

因此，综合起来看，经济高质量发展并不简单等同于价值链向产业链两端攀升。组装制造环节业务流程复杂，生产资料众多，在高端经济、先进经济中同样可能存在较大的决策空间和成本改善空间。因此在制造环节，仍然需要通过技术创新、流程创新和机制创新，为企业的高质量发展提供持续动力，而金融和创新的耦合发展就显得尤为重要。特别是需要加大金融支持力度，尤其是中长期金融支持，支持先进企业创新发展。从产业链空间集聚的角度，通过发展供应链金融服务、并购金融服务以及多元金融服务等方式，发挥产业链整体发展效应，提升产业链整链价值。

（三）宏观层面：优化资源配置促进转型升级

从宏观角度看，我们把经济增长（Y）定义为两个层面的含义，即传统增长（Y_{TR}）和高质量发展（Y_{HQ}）。传统增长方式是指主要依靠增加资金、资源的投入来增加产品的数量，以此推动经济增长。传统增长对资源环境会造成负面影响。高质量发展方式则主要依靠科技进步和通过优化金融市场提高资源配置效率来增加产品的数量和提高产品的质量，以此推动经济增长。高质量发展对资源环境造成的负面影响相对较小。从整体上看，经济高质量发展就是由传统增长方式向高质量发展方式转变。

由此，我们定义经济增加值 Y 由两部分组成，传统增长的产出 Y_{TR} 和高质量生产方式的产出 Y_{HQ}，则有

$$Y = Y_{TR} + Y_{HQ} \tag{2-6}$$

$$Y_{TR} = f(K_{TR}, L_{TR})$$

$$Y_{HQ} = g(\mathrm{TE}(K_{HQ}, L_{HQ}))$$

假定 Y_{TR} 对应于新古典增长模型中的最简模型,Y_{HQ} 对应于新古典增长模型中的技术进步模型。生产函数 f 对应的部门可以称为传统部门,而生产函数 g 对应的部门可以称为经济高质量发展部门。投入传统部门的资本为 K_{TR},投入高质量发展部门的资本为 K_{HQ}。在传统经济部门工作的劳动力为 L_{TR},在高质量发展部门工作的劳动力为 L_{HQ}。在高质量发展部门还有技术进步因素 TE。假设两个部门,即两种生产方式下产出的产品没有差异,区别仅表现为这两种生产方式的生产函数不同。

之前我们已经定义

$$\eta = Y_{HG}/Y \tag{2-7}$$

则有 $Y_{HQ} = \eta Y, Y_{TR} = (1-\eta)Y, 0 \leqslant \eta \leqslant 1$。

特别的,$Y = \begin{cases} Y_{TR}, \eta = 0 \\ Y_{HQ}, \eta = 1 \end{cases}$

在经济转型之前,极端情况下,所有产出均出自 Y_{TR},即 $\eta - 0$。所谓转型,即为 $\eta \to 1$ 的过程。而增加金融支持、推动经济高质量发展的主要动力,就在通过发展绿色金融、科技金融和普惠金融,引导各个要素从传统经济生产部门 Y_{TR} 流向高质量发展部门 Y_{HQ} 过程中实现整体上的经济高质量发展。

五、金融结构优化推动高质量发展的基本逻辑

(一)金融结构优化推动高质量发展的逻辑层次

前文的理论构建部分已经完成了金融结构优化影响高质量发展的一般框架分析。下面继续从不同的逻辑层次角度进行梳理,如图 2-17 所示。

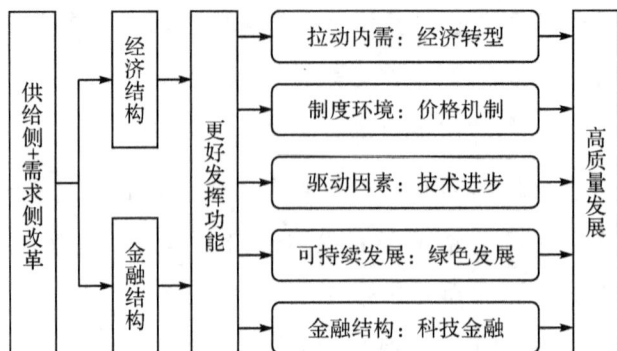

图 2-17　金融结构优化推动高质量发展逻辑结构

第一层次:结构优化是驱动经济增长的有效因素。经济结构的优化可以表现在多个方面,比如传统的三次产业占比(服务业占比)、高新产业占比、绿色经济占比等。金融业作为服务业中的一个重要产业,对经济增长的作用体现在两个方面:一是自身作为一个产业,是经济规模的一个组成部分,因此,作为组成部分的金融业的增长将直接拉动经济增长;二是金融业作为一个特殊的产业,在经济中发挥着重要的功能,包括便利清算和支付的功能(基础性功能),以及资源配置功能和风险管理功能(更高层次的功能)。

第二层次:金融结构优化是推动高质量发展的重要动力。高质量发展的内涵十分丰富,且是一个动态的过程,而非一个静止的目标,因此需要从结构和动力的角度进行分析。从结构层面看,高质量发展体现在经济转型和绿色发展上;从动力角度看,高质量发展包含创新驱动技术进步和更好地发挥市场机制作用。金融结构优化具体通过促进经济转型、市场机制完善、技术进步推动、绿色可持续发展等方面的机制,推动高质量发展。

第三层次:金融结构优化对特定金融部门的发展有积极作用。就我国的发展现状而言,金融结构优化本身包含直接融资比重增加、科技金融发展等丰富的维度。

(二)金融结构优化推动高质量发展的路径机制

从实践来看,高质量发展在经济转型、价值机制完善、技术进步驱动和绿色发展等方面的内涵,也是实现高质量发展的路径和机制。下面将从具体的路径和机制角度做进一步梳理和探讨。

1. 金融结构与经济转型

在这一机制下,主要通过优化金融结构,充分发挥金融资源配置功能,引导要素向新兴产业流动和集聚,推动经济转型,进而实现高质量发展。

2. 金融结构与市场价格机制

在这一机制下,主要通过优化金融结构,充分发挥资源配置和风险管理中体现的价格发现功能,引导要素有序流动,推动经济转型,进而实现高质量发展。同时金融制度和体系也在这一过程中逐步完善,形成良性互动。

3. 金融结构与技术进步

在这一机制下,主要通过优化金融结构,充分实现资源配置和风险管理功能,提升在创新和技术进步中的风险管理能力,更好地配合创新在推动经济转型中的作用,进而实现高质量发展。

4. 金融结构与绿色发展

在这一机制下,主要通过优化金融结构,在绿色发展理念指导下,充分实现资源配置和风险管理功能,发展绿色金融,克服和缓解环境资源约束,促进环境友好型经济的发展,进而实现高质量发展。

5.金融结构与科技金融发展

在这一机制下,主要通过优化金融结构,在创新发展理念指导下,充分实现资源配置和风险管理功能,发展科技金融,提升在创新和技术进步中的风险管理能力,进而实现高质量发展。

本章小结

改革开放以来,中国经济总体上经历了长期的高速增长,实现了跨越式发展。同时,经济增长带来的负面影响和各种约束也逐渐显现,由高速增长向高质量发展转变的迫切性日益加强。

通过典型发达经济体和新兴经济体的对比,发现相比于金融发展规模,金融结构层面的异质性可能蕴含更为丰富的信息,这也是本书理论研究的事实基础和逻辑起点。基于1971—2014年G20经济体金融结构的样本数据经验事实,本书区分了显性金融结构与隐性金融结构,并进一步拓展为金融结构"工具—制度—功能"三维立体的"黏性金融结构假说"。以此为基础,从静态、比较静态和动态视角,构建了金融结构优化推动经济高质量发展的一般框架,梳理和分析了金融结构优化影响高质量发展的主要机制。

第三章　结构优化与经济增长

第一节　引　言

　　经济增长与结构优化是经济发展的两个重要方面。在传统增长阶段,经济增长是经济发展的主要方面,占据主导;在高质量发展阶段,结构优化成为主要方面,经济由高速增长转向中高速增长。结构优化占据主导并不意味着经济增长就停滞,相反,经济结构优化在一定条件下也能促进经济增长。

　　在当前国际、国内经济社会环境日益复杂,我国经济发展进入转型升级攻坚阶段的背景下,抓住"一带一路"建设的契机,尤其是有针对性地深入开展"16+1"合作,把国际金融合作创新作为我国转换新旧增长动能、深化改革开放、推动高质量增长的抓手和切入点,其必要性日益突显。

　　2012年,在中方倡导下,"16+1"合作起步于波兰华沙。近年来,双边合作由小到大、由浅入深,由经贸领域逐步扩展到投资、金融等诸多领域,正在成为"一带一路"建设合作高地。金融发展在进一步支持"一带一路"倡议、深化开展"16＋1"合作机制这样的顶层战略过程中责无旁贷。本章从梳理"16＋1"合作国家和地区金融发展、经济结构优化与经济增长之间关系的经验事实和一般规律入手,分析金融发展和经济结构优化影响经济增长的内在机制,为支持我国参与"16＋1"合作提供政策建议。

经济结构与经济增长的关系可以追溯到熊彼特(Schumpeter)的"创造性破坏"思想。熊彼特在1934年出版的《经济发展理论》中,试图从经济系统内部找到导致经济变迁的因素。他把这种内在的力量归结为企业家实施的供给上的新组合,即创新。此后熊彼特进一步阐述了创新的性质,并提出了"创造性破坏"的概念:创新不断地从内部破坏旧的经济结构并代之以一种新的经济结构。Aghion和Howitt(1992)构建的经济增长分析框架延续了熊彼特的"创造性破坏"思想并深入探讨了其中的结构性因素。近期部分学者沿袭结构性视角从公共资本(Brown,Petersen,2010)、共享经济(Kim,Baek,Lee,2018)、流动性(Malamud,Zucchi,2019)等角度进行了探讨。国内学者赵玮萍(2010)从理论上探讨了转轨国家通过经济结构的调整,带动存量的改革推动经济增长的内在机制。经验研究方面,唐文强和严明义(2014)发现我国经济结构性中的经济体制改善因素与经济增长呈现正相关关系;李言和毛丰付(2019)发现我国区域经济增长协调度与区域经济结构协调度之间存在负面的互动效应。

大量的经验研究表明,金融发展是推动经济增长的重要动力。自戈德史密斯提出金融结构理论(Goldsmith,1969)以后,人们在研究金融发展与经济增长的关系时逐渐重视结构分析,并在经验研究中区分不同金融部门,包括银行、资本市场等,对经济增长影响的异质性做了深入探讨(如Rajan,Zingales,1998;Beck,Levine,2002;Allen,Gu,Kowalewski,2012;Harper,McNulty,2008)。在金融发展与经济发展是否相关问题上,存在银行主导论、市场主导论、金融服务论等观点(Levine,2002;Demirgüç-Kunt,Levine,1999,2004)。进而有学者提出,衡量一个国家的金融发展水平,关键是看金融结构与经济结构的适应性(Lin,Sun,Jiang,2009)。林毅夫和姜烨(2006),林毅夫和孙希芳(2008)特别讨论了中国的经济结构与银行业结构的关系。

近年来,随着经贸、投资等领域合作的深入,如何在"一带一路"倡议框架下,加强我国与中东欧国家的金融合作逐渐受到重视。孔寒冰和韦冲霄(2017)认为有必要认识中东欧16国的差异性、复杂性和互补性。刘哲和孙熠(2010)以波兰、捷克、匈牙利等中东欧国家为例,讨论了转型国家资本流动和外资依赖问题。刘作奎(2016)从确保金融支持工具有效投放至中东欧市场的角度探讨了如何加强"16+1"金融合作。王茜和叶一鸣(2018)则从搭建金融监管合作平台的角度提出加强与中东欧16国的金融合作。

综上所述,目前国内外已有的文献主要集中于金融发展与经济增长的关系、经济结构与经济增长的关系,但对于金融发展、经济结构与经济增长这三者之间的关系尚缺乏统一的研究,经验研究也处于起步阶段,对于金融如何服务"16+1"合作的机制也缺乏理论和经验研究。本章结合"16+1"合作国家和地区的经验事实,探讨金融发展、经济结构优化与经济增长之间关系的基本逻辑,为金融发展支持我国参与中东欧"16+1"合作,推动高质量发展提供政策建议。

第二节　研究设计

一、经验事实

总体来说,中国与中东欧国家金融发展与经济结构优化的总体趋势是一致的,即呈现波动向上的态势。但是具体来看,金融发展与经济结构优化又有各自的特点。20 世纪 90 年代以来,中国内地和香港的金融发展程度(用私营部门贷款占 GDP 的比例来测度)就一直居于高位[①]。但是从经济结构角度看,情况则完全不同(见图 3-1)。图中,中国香港地区和中国澳门地区一直居于上部,而中国内地则基本处于下部。由此,我们得到中国参与"16＋1"合作的基本事实之一:中国与中东欧 16 国经济结构与金融发展之间存在显著的异质性。

从金融发展与经济结构的相互关系来看,情况更为复杂。从代表性年份(2000 年和 2015 年)的散点图来看,两者比较分散,大致呈现出一种弱正相关关系,系数为 0.29,如图 3-2(a)所示。而两者之间的动态关系则更加清晰,即如果从 2000 年到 2015 年第三产业占比有提高,那么金融

[①]　由于香港地区的直接融资占比较大,因此用私营部门贷款占 GDP 的比例有可能低估香港地区金融发展对经济增长的影响。但后文的经验研究表明,由于考虑的是金融发展的动态变化,香港地区信贷增长和股票市值变化动态上有正相关性,因此不影响整体的判断。

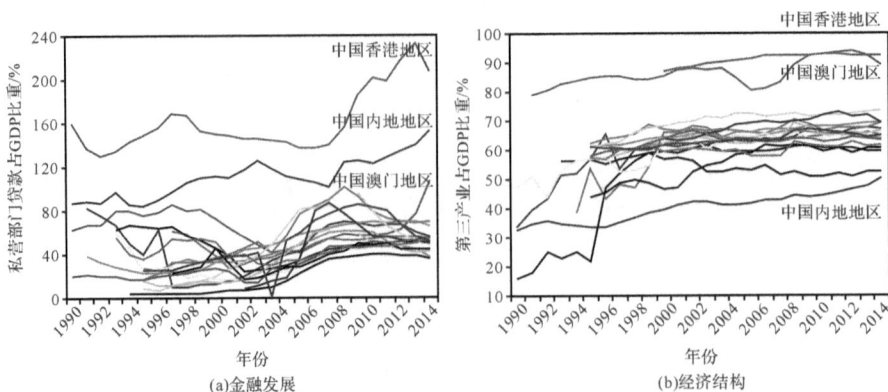

图 3-1　"16＋1"合作各国(地区)金融发展与经济结构比较

数据来源：Wind 数据库。

发展水平也会有所提高,两者相关系数为 0.45,如图 3-2(b)所示。由此,我们得到"16＋1"合作的基本事实之二:中国与中东欧 16 国经济结构与金融发展的变动趋势存在正相关性。

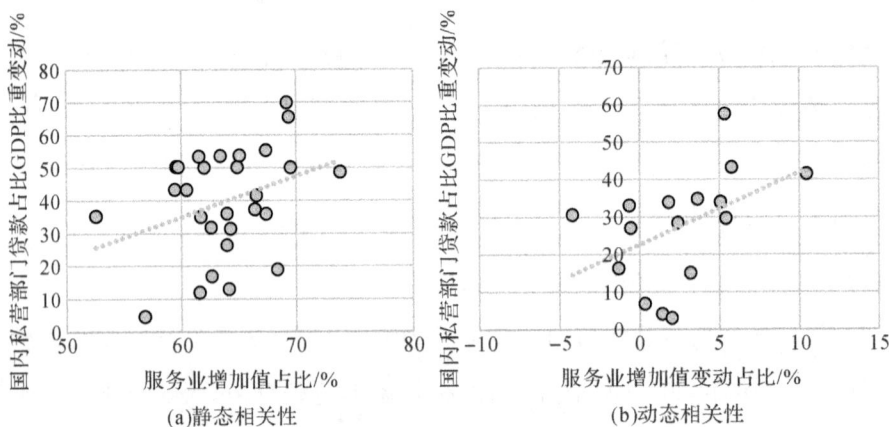

图 3-2　中东欧 16 国经济结构与金融发展相关性(2000—2015 年)

数据来源：Wind 数据库。

二、研究假设

由上文中东欧国家与中国经济金融发展的经验事实可以初步发现，经济结构优化和金融发展可能是推动经济增长的两个重要因素，而且在经济结构优化和金融发展两者之间也可能存在互动关系。

经济结构优化能够推动经济增长的核心动力在于提高某些高附加值部门的比重，从而带动整体经济附加值的提高。典型的例子是"东亚奇迹"，其实质是基于国际分工的产业链攀升。其根本动因在于资源优化配置之后，经济中高附加值的份额提升，使得经济整体活力上升。

金融发展能够推动经济增长的核心动力在于克服融资约束和加强风险管理。相对于传统经济，服务业，尤其是以金融、科技为代表的"新经济"需要面对更大的不确定性，金融功能中风险管理的需求被放大。其根本动因在于经济运行中风险管理水平的提升，在更高（可能的）利益激励下，资源和要素可以更加灵活地向高附加值产业集聚。

经济结构优化和金融发展两者之间可能存在互动关系，这种关系的基础在于经济与金融关系的一种基本假定：两者之间可能存在一种相互配合、相互促进的力量。但是这种力量并不是必然或者先天就具备的，因此可能存在正向的相互促进关系，也可能存在反向的相互阻碍作用。基于这些已有的研究基础和基本理论框架，笔者提出以下研究假设：

假设1：经济结构优化能够推动经济增长。

假设2：金融发展能够推动经济增长。

假设3：经济结构与金融发展之间存在协同效应，但是可正可负。

三、模型设定与数据来源

根据研究假设，基准计量模型为

$$\ln GY_{i,t} = \beta_0 + \beta_1\, ES_{i,t} + \beta_2\, FS_{i,t} + \lambda_i X_{i,t} + \rho_i + \mu_t + \varepsilon_{i,t} \tag{3-1}$$

考察经济结构与金融发展相互影响机制时，引入交互项后，得到

$$\ln GY_{i,t} = \beta_0 + \beta_1\, ES_{i,t} + \beta_2\, FS_{i,t} + \beta_3\, ES_{i,t} \times FS_{i,t} + \lambda_i X_{i,t} + \rho_i + \mu_t + \varepsilon_{i,t} \tag{3-2}$$

式中，GY 表示经济增长；ES 表示经济结构；FS 表示金融发展；ES×FS 则是经济结构与金融发展的协同效应。

与多数研究一致，被解释变量经济增长用对数人均 GDP 表示。经济结构的衡量指标常见的有第二、三产业之和占 GDP 的比例或第三产业占 GDP 的比例，本章采取后一种方法。金融发展的衡量指标有很多，常见的有金融资产规模与经济总量的关系，例如金融相关比率（FIR），本章采国内私营部门贷款占 GDP 的比例来定义，详见表 3-1。

表 3-1　模型指标含义

变量类型	变量名称	变量	变量定义
被解释变量	经济增长	LGDPPC	对数人均 GDP[2005 年美元（不变价）]
解释变量	金融发展	RPRILOAN	国内私营部门贷款占 GDP 的比例/%
	股票市值	RMARKETVALUE	上市公司总市值占 GDP 的比例/%
	经济结构	ERSERVICE	服务业增加值等占 GDP 的比例/%
控制变量	ATM 数量	NATM	每 10 万成年人拥有自动取款机数量/台
	银行分支数量	NBANKBRANCH	每 10 万成年人拥有商业银行分支机构的数量/家
	名义汇率	EXCHANGE	官方汇率（期间平均值）（本币/美元）

变量类型	变量名称	变量	变量定义
控制变量	实际汇率	REXR	实际有效汇率指数（以 2010 年的汇率为基数,取 100）
	储备比率	M2RESERVE	广义货币与总储备的比率/%

本章选取 1991—2015 年中东欧 16 个国家[①],以及中国内地、中国香港地区和中国澳门地区作为样本。其中 ATM 数量、银行分支数量来自"一带一路"数据库,其余数据来自 Wind 数据库。主要变量的描述性统计见表 3-2。

表 3-2　模型指标描述性统计

变量	均值	中位数	最大值	最小值	标准差
LGDPPC	9.327508	9.482869	9.927167	8.56697	0.377
ERSERVICE	62.91313	63.91	68.31	45.31	5.160272
M2RESERVE	2.871042	2.875	6.57	1.41	1.012194
EXCHANGE	57.555	5.43	279.33	1.34	91.08522
REXR	97.31208	97.415	131.63	77.22	9.591069
NATM	56.81375	55.005	109.91	25.36	21.16098
NBANKBRANCH	33.68521	28.565	92.3	7.64	24.77967
RPRILOAN	56.97188	51.23	152.55	25.86	27.89848
RMARKETVALUE	31.90667	28.895	116.86	10.42	18.64645

① 即阿尔巴尼亚、波黑、保加利亚、克罗地亚、捷克、爱沙尼亚、匈牙利、拉脱维亚、立陶宛、马其顿、黑山、罗马尼亚、波兰、塞尔维亚、斯洛伐克、斯洛文尼亚。

第三节　经验研究

一、基准回归与异质性检验

我们采取逐步回归的方法进行基准回归。模型（1）—模型（3）表明，在样本区间，中东欧国家金融发展在 1% 的显著性水平上能够促进经济增长。模型（1）中只包含金融发展一个解释变量和常数项，模型（2）中增加了另一个关键解释变量即经济结构，模型（3）则进一步增加了控制变量，如表 3-3 所示。值得注意的是，加入控制变量后，经济结构的系数变小了，这可能表明对中东欧国家而言，经济结构的影响被其他经济金融因素吸收了。[①]

表 3-3　基准模型计量结果（被解释变量 LGDPPC）

变量	模型（1）	模型（2）	模型（3）
样本	16	16	16
RPRILOAN	0.0024*** (0.0004)	0.0023*** (0.0004)	0.0041*** (0.0005)
ERSERVICE		0.0027* (0.0016)	0.0002*** (0.0001)

---

① 相关系数矩阵表明共线性问题不严重，信贷占比与第三产业占比的相关系数为 0.34，因此更有可能隐含了内生性问题，见后文详述。

变量	模型(1)	模型(2)	模型(3)
NATM			0.0018*** (0.0007)
NBANKBRANCH			0.0017** (0.0008)
EXCHANGE			0.0008 (0.0005)
M2RESERVE			0.0032 (0.0023)
常数项	8.9215*** (0.0168)	8.7462*** (0.0991)	8.6497*** (0.0729)
国别固定效应	是	是	是
年份固定效应	是	是	是
观察值个数	321	311	131
调整后的 R^2	0.9833	0.9844	0.9853

注:***、**、*分别表示在1%、5%和10%水平上显著。

从控制变量来看,反映金融发展"普惠"性质的 ATM 数量和银行分支数量对经济增长有显著的正向作用,而体现宏观经济层面的名义汇率以及货币储备比率则没有显著影响。

接下来我们从样本扩展和分组的角度来考察异质性。首先我们在样本中加入中国,包括内地、香港和澳门,得到模型(4)—模型(6),如表 3-4所示。对比模型(1)—模型(3),关键解释变量的显著性和符号是稳健的,而系数的大小有所变化。包含中国样本之后,金融发展对于经济增长的贡献系数有所减小,而经济结构调整对于经济增长的系数有较大幅度的提升,这可能体现了在中国经济增长的动力中金融发展对于经济的贡献并没有想象中大,而经济结构优化的贡献较大。

表 3-4 "16＋1"国家(地区)计量结果(被解释变量 LGDPPC)

变量	模型(4)	模型(5)	模型(6)
样本	16＋1	16＋1	16＋1
RPRILOAN	0.0019*** (0.0005)	0.0022*** (0.0005)	0.0030*** (0.0006)
ERSERVICE		0.0062*** (0.0023)	0.0064*** (0.0025)
常数项	9.0005*** (0.0272)	8.5668*** (0.1464)	8.4364*** (0.1588)
控制变量	否	否	是
国别固定效应	是	是	是
年份固定效应	是	是	是
观察值个数	413	392	325
调整后的 R^2	0.9721	0.9934	0.9931

注：***、**、* 分别表示在 1％、5％和 10％水平上显著。

这个结果与图 3-2 相互印证：尽管中国内地金融发展的水平一直处于高位，但由于在样本区间内起点较高，与之后相比变化程度其实并不算大。而对于第三产业占比，由于中国内地在样本初期的起点较低，仅为34.48％，到 2015 年末，这个比例超过了 50％，增幅在所有样本国家和地区中几乎是最大的。

通过比较基准回归和包含中国样本的回归，我们发现了中国和中东欧国家增长动力的异质性。接下来，我们继续从时间维度考察其他可能存在的异质性，见表 3-5。由于中国在 2001 年加入了 WTO，因此我们首先考虑以此作为时间节点进行分组。分组之后我们发现，无论是中东欧国家样本，还是加入中国样本之后，2001 年前后均有了显著的差异。对中东欧国家而言，2001 年之前，金融发展和经济结构优化均对经济增长有显著的正面影响；2001 年之后，金融增长仍然保持了显著的正面作用，但是系数变小了，而经济结构则出现了显著的负面影响。从图 3-2(b)中也可以直观地看到,2001年之后中东欧各国的第三产业占比已经基本稳定,有的国家还有所下降。

表 3-5 "16＋1"国家(地区)分时段计量结果(被解释变量 LGDPPC)

变量	模型(7)	模型(8)	模型(9)	模型(10)
样本	16 (1991—2000)	16 (2001—2015)	16＋1 (1991—2000)	16＋1 (2001—2015)
RPRILOAN	0.0041*** (0.0008)	0.0032*** (0.0005)	0.0042*** (0.0010)	0.0019** (0.0009)
ERSERVICE	0.0031*** (0.0011)	−0.0069*** (0.0023)	0.0025*** (0.0021)	0.0495*** (0.0030)
常数项	8.4062*** (0.0609)	9.2329*** (0.1452)	8.3605*** (0.1304)	5.6687*** (0.1996)
控制变量	是	是	是	是
国别固定效应	是	是	是	是
年份固定效应	是	是	是	是
观察值个数	74	175	95	220
调整后的 R^2	0.9960	0.9916	0.9913	0.9031

注:***、**、*分别表示在1％、5％和10％水平上显著。

包含中国样本之后结果出现了较大的变化,这种差异主要出现在2001年之后:一是金融发展对经济增长影响的显著性下降了;二是经济结构优化对于经济增长的影响与2001年之前相比有大幅提高,系数从0.0025增加到0.0495,且均在1％统计水平上显著。这表明,2001年之后中国的金融规模总体上的确有所增长,但是其实际增长比率可能不及我们的直观感受,而且其内部的波动性很大,因此对经济增长的贡献可能并不如想象中那么显著。相反,经济结构的调整则比较持久而平稳,而且其对经济增长的贡献是正面的、显著的。因此,在2001年前后,中国和中东欧经济增长的动力有了一个比较明显的分叉:2001年之前,金融增长和经济结构优化对于中国和中东欧国家的经济增长均有正面作用;2001

年之后,中东欧国家的经济增长主要依赖于金融发展,而中国经济增长的动力更多地来自经济结构优化。

二、金融发展与经济结构相互影响的内在机制

显然,金融发展、经济结构优化与经济增长之间存在复杂的内生性问题。对于遗漏变量问题,我们无法排除这种可能性,但是从各个模型调整后的 R^2 值来看拟合值较高,因此我们认为反向因果关系引发的内生性问题可能更为严重。由于高斯混合模型只是解决了滞后被解释变量的内生性问题,而解释变量中的内生性问题要单独考虑,因此借鉴 Rajan 和 Zingales(1998)[①]的思路进行间接地识别。

我们在基准回归和扩展回归中引入不同的交互项,如表 3-6 所示。基本逻辑是,如果金融发展和经济结构的相互作用能够促进增长,那么当替换为与其相关但内在逻辑不一致的变量时,这种促进作用可能消失。因此,我们的策略分为两类:策略一,分析金融发展、经济结构优化与经济增长的相互作用,考察其交互项的系数与显著性;策略二,将其替换为其他相关变量,考察其系数与显著性的变化。

首先,考察金融发展与经济结构优化协同作用与经济增长之间可能存在的反向因果关系,即是否有比较清晰的逻辑可以说明经济增长能够提升金融发展与经济结构发生相互作用的内在机制。本质上,这是在考察金融发展与经济结构优化之间发生协同作用的内在机理。根据 Rajan

---

① 他们采取了间接证明的思路来考察金融发展与经济增长的因果关系,其基本逻辑是,如果金融发展能够促进经济增长,那么对于外部金融依赖性大的行业,在金融发展程度较高的国家,这些行业将发展得更好。其基本识别策略是引入金融发展程度与行业金融依赖度的交互项。

和 Zingales(1998)的逻辑,金融发展能够给外部融资压力较大的行业减轻融资压力,从而放松金融约束,带来经济增长,但是外部融资压力较大的行业扩张并不必然带来经济结构优化。比如,金融发展可能促进重化工行业得到发展,根据本章对经济结构的定义(即第三行业占比),这反倒使得经济结构"恶化"。因此我们认为,要让经济增长直接促使这种协同机制发挥作用难度较大。

在模型(2)的基础上,我们引入了金融发展与经济结构的交互项,得到模型(11),其系数显著为负,但系数较小,这表明金融发展与经济结构之间并未形成良性互动关系。进一步加入控制变量后得到模型(12),结果基本是一致的,除了系数略有变化。如果我们把中国纳入其中,则发现交互项的系数变成显著为正,这表明在样本区间,中国的金融发展和经济结构之间有十分显著的正向作用,这也可以认为是中国经济能够快速增长的秘诀之一:金融发展与经济结构优化的"双轮驱动"模式(见表 3-6)。接下来,我们把金融发展与经济结构的交互影响换成金融发展与货币储备比值,此时中国这种独特机制的优势就不存在了。

表 3-6　"16＋1"国家(地区)内在机制检验(被解释变量 LGDPPC)

变量	模型(11)	模型(12)	模型(13)	模型(14)	模型(15)
样本	16	16	16＋1	16	16＋1
RPRILOAN	0.0034*** (0.0005)	0.0023*** (0.0007)	0.0239*** (0.0058)	0.0024*** (0.0007)	0.0030*** (0.0006)
ERSERVICE	0.0002** (0.0001)	0.0007*** (0.0002)	0.0069*** (0.0002)	0.0002** (0.0001)	0.0052*** (0.0025)
RPRILOAN× ERSERVICE	−2.06E-06** (9.84E-07)	−4.26E-06** (1.67E-06)	0.0003** (0.0001)		
RPRILOAN× M2RESERVE				−3.83E-05** (1.85E-05)	−0.0001 (0.0000)
常数项	8.8450*** (0.0429)	8.5429*** (0.0825)	8.5683*** (0.4713)	8.6540*** (0.0718)	8.4973*** (0.1598)

续　表

变量	模型(11)	模型(12)	模型(13)	模型(14)	模型(15)
控制变量	否	是	是	是	是
国别固定效应	是	是	是	是	是
年份固定效应	是	是	是	是	是
观察值个数	301	131	132	131	315
调整后的 R^2	0.9840	0.9934	0.9944	0.9933	0.9745

注:***、**、*分别表示在 1%、5% 和 10% 水平上显著。

　　其次,替换变量,把交互项中的经济结构换成货币储备比值。货币储备比率的分子是货币发行量:在新兴经济体中,经济增长带来货币发行量较快增长是常态,分母是外汇储备,这也与经济增长有关:新兴经济体的经济增长带来贸易与 FDI 的增加,外汇储备倾向于增加。因此,这可以是一个反映经济增长的代理变量,但是这两者的比率与经济增长本身相关度较小,因为它反映的是驱动经济增长的两种情况:债务驱动型(货币增加)或外向经济驱动型(外汇储备增加)。这个比值越大,说明国内债务的比重较高,反映的是一国经济的风险,不利于经济增长。因此,从理论上看,金融发展不应当与货币储备比率发生(正向的)协同作用。

　　以上推论表明,金融发展和经济结构的协同作用能够促进经济增长,但需要满足一定的条件。条件不满足,则积极的协同作用不会发生。经验研究结果支持了这种间接的推断:金融发展与经济结构优化能够促进经济增长。

三、稳健性检验

　　接下来,我们从两方面对经验结果进行稳健性检验,如表 3-7 所示。
　　首先是指标替换。我们用股票市值替换银行信贷来衡量金融发展,模型(17)—模型(22)的结果表明,两者均对经济增长有显著的正向作用,结果是稳健而一致的。从影响机制分析,我们分别用不同金融发展和经济结构的指标检验了不同的机制,结果基本一致。值得关注的是,使用股票市值之后,中国金融发展与经济结构优化的"双轮驱动"模式的优势有所弱化甚至消失了,即模型(19)中金融发展与经济结构的交互项显著性水平变成了负值,这反映了样本区间中国股市对经济的拉动作用并不显著,中国金融的主体仍然是以银行信贷为主体的间接金融。

其次是分组变化,我们把样本区间节点换成2001—2004年,金融发展的系数逐渐变小,统计性逐渐下降,而经济结构调整的系数和统计性水平一直保持稳健,这表明加入WTO的确给中国经济的增长动力带来变化,主要体现在金融发展对经济增长的动力逐渐减弱,而经济结构优化对经济增长的相对重要性逐渐凸显。

表3-7 稳健性检验

变量	模型(17)	模型(18)	模型(19)	模型(20)	模型(21)	模型(22)
样本	16	16	16+1	16	16+1	16+1
RMARKETVALUE	0.0334** (0.0159)	0.0639*** (0.0110)	0.0055*** (0.0017)	0.0232*** (0.0070)	0.0076*** (0.0021)	0.0038** (0.0015)
ERSERVICE	0.0432*** (0.0058)	0.0067** (0.0035)	0.0127*** (0.0046)	0.0012 (0.0034)	0.0510*** (0.0055)	0.0147*** (0.0044)
RMARKETVALUE ×ERSERVICE	−0.0004** (0.0002)	−0.0009*** (0.0002)	−0.0001** (1.67E-06)			
RMARKETVALUE ×M2RESERVE				−0.0003*** (0.0001)	−7.79E-05*** (2.27E-05)	−4.08E-05** (1.62E-05)
常数项	6.5023*** (0.3583)	8.4740*** (0.2266)	8.4577*** (0.2930)	9.1287*** (0.2130)	5.9313*** (0.3463)	8.3521*** (0.2814)
控制变量	否	是	是	是	是	是
国别固定效应	是	是	是	是	是	是
年份固定效应	是	是	是	是	否	是
观察值个数	137	123	123	123	131	155
调整后的R^2	0.9230	0.9893	0.9934	0.9889	0.9933	0.9828

注:***、**、*分别表示在1%、5%和10%水平上显著。

本章小结

本章主要检验经济结构优化对经济增长的影响。中国与中东欧国家("16＋1"合作)金融发展与经济结构的经验研究结果表明了两方面的基本事实：中东欧16国经济结构与金融发展之间存在显著的异质性；中东欧16国经济结构与金融发展的变动趋势存在正相关性。

通过选取1991—2015年19个经济体的面板数据作为样本的研究表明，经济结构优化和金融发展是驱动经济增长的"双轮"，但目前两者之间的正向相互作用仍然较弱。异质性检验和分组检验表明，我国和中东欧国家经济增长的驱动模式侧重点有所不同，经济结构转型对我国经济增长的相对贡献更大。因此，从我国金融业自身发展的比较优势出发是金融发展支持参与中东欧"16＋1"合作的基本逻辑，也是结构优化推动经济高质量发展的现实基础。

第四章　金融结构与经济结构

第一节　引　言

金融结构优化可以通过促进经济转型来推动高质量发展。在这一机制下，主要通过优化金融结构、充分发挥金融资源配置功能、引导要素向新兴产业流动和集聚来推动经济转型，进而实现高质量发展。

党的十九大报告指出，当前我国社会的主要矛盾已经转化为人民日益增长的美好生活需要和不平衡不充分的发展之间的矛盾，并且强调要"深化供给侧结构性改革"。从理论上看，这种矛盾的转化表明我国经济领域面临的主要挑战已经从总量和规模的增长问题，转化为结构和效益的优化问题。

第五次中央金融工作会议则明确了"服务实体经济、防控金融风险、深化金融改革"三大主要任务，并把"优化结构"作为做好金融工作的重要原则之一，指出要"完善金融市场、金融机构、金融产品体系。要坚持质量优先，引导金融业发展同经济社会发展相协调，促进融资便利化、降低实体经济成本、提高资源配置效率、保障风险可控"。

当前我国经济已进入新常态,在着力推进经济转型升级和金融深化改革的关键时期,研究经济增长、经济结构转型和金融结构优化的问题具有重大的现实意义。我们的核心问题是,在经济增长、经济结构转型和金融结构优化之间是否存在互动机制? 尤其是,经济结构与金融结构之间的良性互动是否是保持经济持续增长的重要动力? 有何内在机制? 要形成良性互动,是否需要具备一定的条件? 是否存在一定的"门槛效应"?

本章选择我国香港地区和部分东南亚经济体作为比较样本,因为它包含了从发达经济体到新兴经济体的梯度特征。其中中国香港地区、新加坡、韩国属于"亚洲四小龙"①,印尼、马来西亚、泰国、菲律宾属于"亚洲四小虎",它们作为"东亚的奇迹"曾在"雁形模式"中有过突出的表现。

---

① 同属亚洲四小龙的中国台湾地区并没有列入世界银行统计范围,由于数据可得性和统计口径差异问题,本书没有将它列入比较样本中。

第二节 研究设计

一、分析框架

目前国内外尚缺乏以经济增长、经济结构和金融结构为统一分析框架的理论研究和经验研究。本章以新古典经济增长理论为基础,构建经济增长、经济结构和金融结构的统一分析框架。

新古典经济增长理论的基准模型为

$$Y_t = AK_t^{\alpha}L_t^{1-\alpha} \tag{4-1}$$

考虑金融因素后,模型变为

$$Y_t = AK_t^{\alpha}L_t^{\beta}F_t^{\gamma} \tag{4-2}$$

如果把经济总体和金融要素依据一定的标准划分为 i 个部分和 j 个部分[①],简化上标和下标 t 后,则有

$$Y = \sum Y(\cdot) = \sum Y_i(AKL) \cdot \sum Y_j(F) \tag{4-3}$$

把 $\sum Y_i(AKL)$ 定义为经济结构(ES),把 $\sum Y_j(F)$ 定义为金融结构(FS),求导后可得

$$Y = \alpha\text{ES} + \beta\text{FS} \tag{4-4}$$

---

① 经济可以是一、二、三次产业,也可以指具体的行业;金融可以分为直接融资、间接融资或者银行、证券、保险、信托等子行业。

本章的基准计量模型为

$$GY = \alpha + \beta_1 ES + \beta_2 FS + \mu \tag{4-5}$$

$$GY = \alpha + \beta_1 ES + \beta_2 FS + \beta_3 ES \times FS + \mu \tag{4-6}$$

式中,GY 表示经济增长;ES 表示经济结构;FS 表示金融结构;ES×FS 表示经济结构与金融结构的协同效应。

二、研究方法

时间序列数据的长期稳定关系可以用协整关系表述。协整关系的检验方法一般用 Engle-Granger 两步法或 Johansen 协整检验,但是这两种方法都有缺点,即 Engle-Granger 两步法中小样本的 OLS 协整估计具有实质性偏差;Johansen 协整检验不仅不适用于小样本,而且对滞后阶数敏感。针对小样本的协整估计,Hanson 和 Phillips(1990)提出了完全修正的最小二乘估计(fully modified OLS,FMOLS)。FMOLS 可以有效地解决小样本协整关系检验的问题,其核心思想是对 OLS 估计量进行非参数修正,消除噪声参数对统计量渐进分布的影响。

在面板协整方程估计方面,Kao 和 Chiang(2000),Pedroni(2000)取得了进展,尤其是 Pedroni(2000)提出的组均值面板 FMOLS(group mean panel FMOLS)估计方法,主要有以下几个方面的优势:首先,优于 pool panel FMOLS。这是因为组间估计是基于面板组间维度,而 pool panel FMOLS 是基于组内维度。因此 group mean panel FMOLS 提供了协整方程共同参数值的一致检验,而后者则没有。其次,正如 Pesaran 和 Smith(1995)所指出的,group mean panel FMOLS 提供了基于样本均值的异质协整方程系数的一致估计,而 pool panel FMOLS 没有。最后,Phillips 和 Moon(1999)还指出,当协整方程是异质时,组内估计量只是提供了回归系数均值的一致点估计,而不是基于样本均值的异质协整方程系数协整方程的估计。总之,与 pool panel FMOLS 相比,group mean panel FMOLS 更适用于实证分析,因此本章的经验研究采用的主要是 group mean panel FMOLS。

三、数据来源和变量描述

本章的数据除特别说明,均来自 Wind 数据库中源自世界银行的统计。选取东亚和东南亚的 8 个经济体,即中国内地、香港,以及新加坡、韩国、印尼、马来西亚、泰国、菲律宾。与多数研究一致,被解释变量经济增长用对数人均 GDP 表示。

经济结构的衡量指标常见的有第二、三产业之和占 GDP 的比例,第三产业占 GDP 的比例,本章采取后一种。金融结构的常见指标有很多,一是金融资产规模与经济总量的关系,例如金融相关比率(FIR);二是金融内部不同子部门资产的比例关系。本章采用后一种,金融结构由股票市值/银行私人信贷来定义。

从图 4-1 看,各经济体金融结构的波动幅度要大于经济结构的变动。除了菲律宾第三产业占 GDP 比例整体呈现下降趋势外,其余各经济体均呈现波动中趋升的态势。值得一提的是,金融危机对金融结构的影响要远远大于对经济结构的影响。在 1997—1998 年东南亚金融危机期间,受股指大幅下挫影响,中国香港地区、新加坡、韩国、印尼、马来西亚、泰国和菲律宾的金融结构指标均有较大幅度的下降,所有样本经济体的金融结构指标在 2007—2008 年全球金融海啸中均有较明显的下降,但是从总体

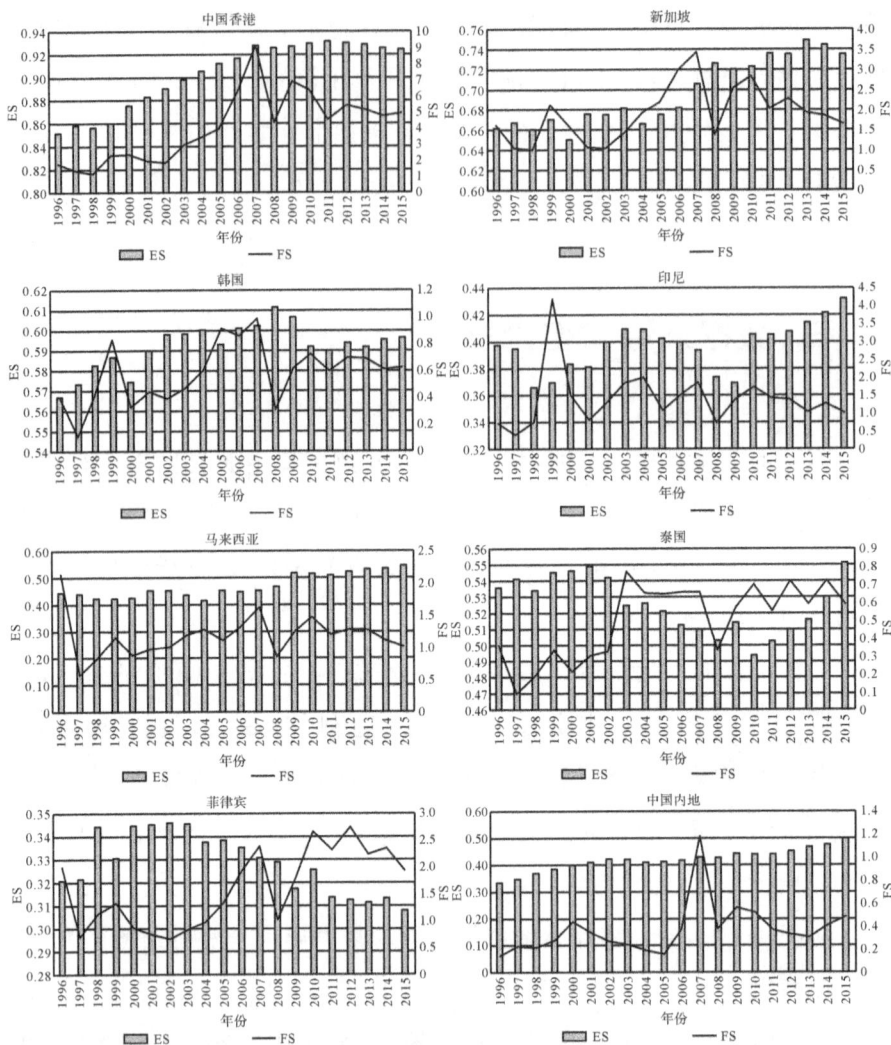

图 4-1　1996—2015 年各经济体经济结构(ES)与金融结构(FS)变动趋势

来看,除了个别样本外①,这种波动在 20 年的样本区间中并不显得十分特别。我们将在计量分析的稳健性检验时详细说明。

---

① 例如中国内地股指在 2005—2008 年的一轮行情中有显著的超出常规的大幅波动,股权分置改革等制度变革是主要因素之一。

第三节　经验研究

一、经济结构与金融结构的推动效应

(一)面板协整检验

我们采用 LLC、Breitung、IPS、ADF 和 PP 五种方法进行面板单位根检验,结果如表 4-1 所示。

表 4-1　面板单位根检验结果

变量	LLC	Breitung	IPS	ADF	PP
GY	0.391	2.248	−0.461	18.377	42.349
D(GY)	−4.323***	−1.335*	−2.560***	36.728***	43.337***
ES	−0.317	0.736	0.434	19.987	20.024
D(ES)	−9.003***	−5.132***	−6.928***	68.315***	90.990***
FS	23.571	−1.168	0.231	10.029	41.011***
D(FS)	−9.356***	−6.612***	−8.048***	81.139***	182.568***

注:D(·)表示变量的一阶差分。***、**、*分别表示在 1%、5%和 10%水平上显著。

结果显示,除采用 PP 方法的 FS 以外,所有变量均无法拒绝存在面板单位根的原假设。其中 LLC 和 Breitung 检验的原假设是存在同质面板单位根,即截面系数相同,而 IPS 检验的原假设是存在异质面板单位根,即截面系数不同。经一阶差分以后,均为 I(1)过程,变量为同阶单整,其线性组合可能存在协整关系,需进一步进行协整检验。

运用 Pedroni(1999)的方法进行异质面板协整检验[①],并参照传统的 Kao 检验方法,结果表明,7 个统计量中有 5 项显示无法拒绝存在协整关系的原假设,且主要参照的第 4 项 Panel ADF 与第 7 项 Group ADF 统计量测度组内与组间尺度的协整关系均显著[②],存在面板协整关系,可估计面板协整方程,并可通过对协整方程自变量系数的分析,比较不同经济体经济结构和金融结构变量对经济增长具体的作用强度,如表 4-2 所示。

表 4-2 面板协整检验结果

检验方法	统计量	t 统计量	p 值
Pedroni 检验	Panel V—Statistic	8.668***	0.000
	Panel RHO—Statistic	−0.094	0.462
	Panel PP—Statistic	−1.423***	0.000
	Panel ADF—Statistic	−1.653***	0.000
	Group RHO—Statistic	−1.644	0.950
	Group PP—Statistic	−1.306*	0.096
	Group ADF—Statistic	−1.640*	0.051
Kao 检验	ADF	−1.707**	0.044
	Residual variance	0.021	
	HAC variance	0.030	

注:***、**、*分别表示在 1%、5% 和 10% 水平上显著。除 Panel V—Statistic 统计量是右侧检验以外,其余都是左侧检验。

---

① 所谓异质面板数据,即不同横截面的 i 个 β 斜率系数可以不等。

② Pedroni(1999)指出,当时间段较长时(t 值一般大于 100),上述全部 7 个统计量的偏误都很小,效能都很高;但对于时间段较短的情况($20 \leqslant t < 100$),Panel ADF 统计量(第 4 项)和 Group ADF 统计量(第 7 项)有最好的效能,其他 5 个统计量效能相对较低。由于时间跨度为 1996—2015 年($t=20$),故主要参照第 4 项 Panel ADF 与第 7 项 Group ADF 统计量。

(二)面板回归估计结果分析

若通过面板协整检验,即可采用 Pedroni(2000)提出的 group mean panel FMOLS 估计方法,构建面板模型,按照相关理论,对协整方程进行精确计量,如表 4-3 所示。[①]

表 4-3　group mean panel FMOLS 回归估计结果

解释变量	模型(1)	模型(2)	模型(3)	模型(4)	模型(5)	模型(6)
ES	0.081*** (3.841)	0.120*** (7.876)	0.098*** (10.480)	0.112*** (17.121)	0.035* (1.814)	0.061*** (4.513)
FS	0.309*** (2.706)	0.538*** (3.486)	0.538*** (2.622)	0.593** (2.030)	0.204* (1.974)	0.115* (1.858)
FE×ES		−0.006*** (−3.379)	0.006*** (2.774)	−0.014* (−1.667)		
PRIGDP					−0.004 (−1.181)	
TECEXP						−0.045*** (−7.664)

注:***、**、*分别表示在 1%、5%和 10%水平上显著。括号内为 t 统计量值。

模型(1)表明,经济结构和金融结构优化都能有效推动经济增长,且均在 1% 的水平上显著。具体来看,经济结构中第三产业占 GDP 的比例每增加 1 百分点,将使得经济增长速度提高约 0.08 百分点,而金融结构即直接融资与间接融资的比例将提高 1 倍,使得经济增长速度提高约 0.3 百分点。因此,经验研究从总体上支持了假说 1 和假说 2。

----

① 该方法为每个斜率系数都给出了两种估计值,分别为"Panel Group"和"Individual FMOLS"估计值,前者反映了全部横截面的综合信息,从区域整体层面反映经济结构和金融结构对经济增长的综合作用;后者反映了每个横截面的异质特征,其经济意义为具体每个经济体经济结构和金融结构对经济增长的驱动力度。受篇幅所限,本部分省略了各经济体的回归方程。

值得关注的是,由于样本经济体在经济发展水平、经济结构、金融结构方面均存在显著异质性,因此从总体上看,经济结构与金融结构是否存在协同效应并不确定。模型(2)显示,加入经济结构与金融结构交叉项以后,经济结构与金融结构本身的方向和显著性不变,系数有所增加,而交叉项在1%的显著性水平下系数为负,说明总体上经济结构与金融结构之间存在相互作用,但是样本区间这种协同作用为负面。

值得注意的是,如果我们按照2015年的人均收入进行排序[①],将8个样本分为中高收入和中低收入两组[②]分别进行回归,得到模型(3)和模型(4),则有一个很有意思的结果:中高收入组经济结构与金融结构的交互项系数显著为正,表明两者之间存在正向的协同效应,经济结构与金融结构对经济增长实现了"双轮驱动";而中低收入组,两者的协同效应在10%的显著性水平下为负,且系数绝对值较大,说明总体来看,"双轮驱动"效应存在障碍,经济结构与金融结构之间并没有形成良性的互动关系。因此,我们认为,"双轮驱动"效应的发挥可能存在某种门槛效应,即只有达到一定的发展水平,才能在经济结构与金融结构之间形成良性互动。可能的原因是,经济结构和金融结构相互之间的配合需要一定的时间,面临着一系列的约束条件。Patrick(1966)提出的金融发展中的"供给主导论"和"需求追随论"提供了一种可能的解释,即较低收入国家金融发展时"供给主导"占据主体,金融发展并未完全适应经济转型升级的需要。为此,当前我国主动进行金融供给侧结构性改革,适应经济转型升级的需要,就显得尤为迫切。

---

① 除了中国内地的排名有显著上升以外,其余样本经济体的收入排名变化不大。
② 中高收入组依次为新加坡、中国香港、韩国、马来西亚,中低收入组依次为中国内地、泰国、印尼、菲律宾。

(三)稳健性检验

为了检验模型的稳健性,我们应用多种方法进行了稳健性检验。主要从两个维度进行:一是替换经济结构和金融结构的变量,包括采用第二、第三产业之和占 GDP 的比例,高科技产品出口额占制成品出口总额的比例等表示经济结构,采用私人信贷占 GDP 的比例(PRIGDP)、上市公司市值占 GDP 的比例(MKTGDP)表示金融结构,如模型(5)和模型(6)所示;二是对样本选择本身进行稳健性检验,包括剔除金融危机时的样本(包括 1996—1998 年东南亚金融危机和 2007—2008 年世界金融海啸两个时期的样本,以及剔除中国内地以后的样本),结果表明,系数大小有所变化,但估计系数的方向和显著性水平不变,模型(1)和模型(2)的估计是稳健的。

二、"双轮驱动"的门槛效应

(一)单位根检验

上面的分析从总体上表明,经济结构与金融结构的优化能够有效推动经济增长。下面我们将进一步分析,这种推动作用在不同收入状况下是否存在异质性及其背后的原因。我们需要进行深入比较,因此需要对各样本分别进行单位根检验和 Granger 因果关系检验。

结果(见表 4-4)表明,除了韩国的经济结构以外,所有的变量均无法拒绝存在单位根的原假设。进行一阶差分以后,所有变量均至少在 10% 的水平上显著,为一阶单整。

表 4-4　各样本单位根检验结果

样本经济体	GY			ES			FS		
	ADF	k,t,c	PP	ADF	k,t,c	PP	ADF	k,t,c	PP
中国香港	-2.991	1,0,0	-1.020	0.258	1,0,0	0.640	-2.545	0,0,0	-2.545
新加坡	-0.045	0,0,0	-0.181	-0.746	0,0,0	-0.636	-2.602	0,0,0	-2.523
韩国	-0.495	0,0,0	-0.324	-2.733*	0,0,c	-2.949*	-0.758	0,0,0	-0.456
印尼	-0.432	1,0,0	-0.411	-1.118	0,0,0	-1.118	-1.562	3,0,0	-1.454
马来西亚	-0.362	0,0,0	-0.392	-0.097	0,0,0	0.341	0.047	2,0,0	-1.570
泰国	3.387	0,0,0	3.050	0.339	0,0,0	0.291	-3.128	0,t,c	-3.152
菲律宾	3.445	0,0,0	3.094	-2.792	0,t,c	-2.792	-0.767	0,0,0	-0.673
中国内地	1.513	1,0,0	6.386	3.786	0,0,0	3.146	-1.226	0,0,0	-0.928
一阶差分									
中国香港	-2.757*	1,0,0	-4.512**	-3.427*	0,0,0	-3.350*	-6.072***	0,0,0	-9.187***
新加坡	-2.863*	0,0,0	-2.853*	-5.271***	0,0,0	-5.271***	-5.448***	0,0,0	-8.501***
韩国	-4.006***	0,0,0	-5.511***	-4.206**	1,0,0	-5.463***	-6.216***	0,0,0	-8.778***
印尼	-4.285***	0,0,0	-4.319***	-3.637**	0,0,0	-3.582**	-5.575***	3,0,0	-9.524***
马来西亚	-3.676***	0,0,0	-3.618**	-4.154**	0,0,0	-4.387***	-7.942***	1,0,0	-15.396***
泰国	-2.089**	0,0,0	-2.006**	-3.205**	0,0,0	-3.279***	-6.504***	0,0,0	-6.760***
菲律宾	-2.241**	0,0,0	-2.240**	-6.809***	0,0,0	-6.141***	-6.183***	0,0,0	-7.121***
中国内地	-4.197***	1,0,0	-5.128***	-5.316***	0,0,0	-5.430***	-6.394***	0,0,0	-10.400***

注：***、**、*分别表示在1%、5%和10%水平上显著。k,t,c分别表示滞后项、趋势项和截距项。采用 AIC 准则确定最优滞后结构，基于样本年度数据的长度，滞后期最长为4。

(二)Granger 因果关系检验

进行一阶差分以后,所有变量成为平稳序列,可以进行 Granger 因果关系检验。为了探讨经济增长、经济结构和金融结构三者的关系,我们构建了三对因果关系的分析,即经济增长与经济结构、经济增长与金融结构,以及经济结构与金融结构,并逐一进行检验。

从检验结果(见表 4-5)来看,多数经济体无法拒绝经济增长是经济结构调整的 Granger 原因的假设,表明经济结构调整是经济增长引发的结果。其中,中国香港和泰国是例外,表现为经济增长与经济结构调整互为因果关系。

表 4-5　经济增长与经济结构的 Granger 因果关系检验

样本经济体	ES$\neq$GY			GY$\neq$ES		
	F	p	k	F	p	k
中国香港	4.81043**	0.0273	2	4.77646**	0.0278	2
新加坡	2.11935	0.1597	2	4.99513**	0.0246	2
韩国	0.30610	0.8205	3	3.32171*	0.0650	3
印尼	1.28326	0.3444	3	5.43602**	0.0248	3
马来西亚	0.27432	0.6086	1	11.75840***	0.0041	1
泰国	2.98048*	0.0924	2	5.14367**	0.0265	2
菲律宾	0.69178	0.5212	2	19.47080***	0.0002	2
中国内地	2.56863	0.1305	4	4.96722**	0.0324	4

注:***、**、*分别表示在 1%、5% 和 10% 水平上显著。采用 AIC 准则确定最优滞后结构,基于样本年度数据的长度,滞后期最长为 4。"$\neq$"表示"并非 Granger 原因"。

从金融结构与经济增长的关系来看,同样,大部分样本经济体呈现单向因果关系,唯一的例外是印尼,两者之间呈现互为因果关系。与经济结构不同,金融结构调整是经济增长的 Granger 原因,而不是相反,如表 4-6 所示。

表 4-6　经济增长与金融结构的 Granger 因果关系检验

样本经济体	FS≇GY			GY≇FS		
	ADF	t	k	ADF	t	k
中国香港	14.80760***	0.0005	2	1.21023	0.3558	2
新加坡	5.34200**	0.0203	2	0.06467	0.9377	2
韩国	5.60740**	0.0175	2	0.97042	0.4048	2
印尼	3.22756*	0.0789	2	5.35096**	0.0238	2
马来西亚	8.58966***	0.0070	3	2.45182	0.1381	3
泰国	3.14711*	0.0865	3	0.08675	0.9653	3
菲律宾	5.09537**	0.0272	2	2.68946	0.1120	2
中国内地	19.63670***	0.0007	4	1.66532	0.2606	4

注:"***"、"**"、"*"分别表示在 1%、5% 和 10% 水平上显著。采用 AIC 准则确定最优滞后结构,基于样本年度数据的长度,滞后期最长为 4。"≇"表示"并非 Granger 原因"。

与前面的情形不同,不同样本经济体经济结构与金融结构的因果关系差异较大:中国香港是经济结构调整引发金融结构变化;新加坡、韩国、马来西亚则相反,金融结构调整引起经济结构变化;对于印尼、泰国、菲律宾和中国内地而言,两者之间不存在 Granger 因果关系,如表 4-7 所示。那么,这种差异的背后有何深层次的原因? 我们需要进一步研究。

表 4-7　经济结构与金融结构的 Granger 因果关系检验

样本经济体	ES≇FS			FS≇ES		
	F	p	k	F	p	k
中国香港	6.21380**	0.0240	1	0.00076	0.9784	1
新加坡	0.10351	0.9024	2	0.97964***	0.0055	2
韩国	0.17647	0.8402	2	3.32647*	0.0681	2
印尼	0.54811	0.5930	2	2.66235	0.1140	2
马来西亚	0.34794	0.7136	2	5.24234**	0.0252	2
泰国	0.11008	0.8967	2	0.36746	0.7007	2
菲律宾	1.95106	0.1883	2	1.27918	0.3166	2
中国内地	1.47556	0.2645	2	0.18023	0.8371	2

注:"***"、"**"、"*"分别表示在 1%、5% 和 10% 水平上显著。采用 AIC 准则确定最优滞后结构,基于样本年度数据的长度,滞后期最长为 4。"≇"表示"并非 Granger 原因"。

(三)"双轮驱动"的收入效应

一个值得关注的特点是,如果把 8 个样本经济体按照人均收入的高低来排序,那么以近期中国内地的人均收入为界,中国香港、新加坡、韩国、马来西亚为中高收入组,泰国、印尼、菲律宾为低收入组,如图 4-2 所示,两组之间经济增长、经济结构、金融结构的相互关系有较大的区分(见表 4-8)。尤其是在经济结构与金融结构的关系方面,在中高收入组,两者之间至少存在一个方向的因果关系;而在低收入组,经济结构与金融结构之间并无显著的因果关系。

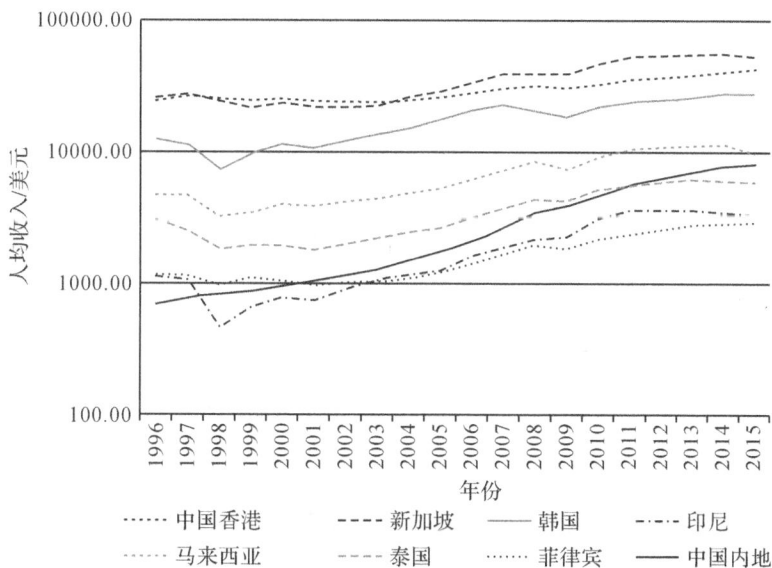

图 4-2　1996—2015 年各样本经济体的人均收入

表4-8　各样本经济体经济结构与金融结构"双轮驱动"的门槛效应和模式比较

样本经济体	人均收入①/美元	人均收入排名	经济结构转型驱动增长	金融结构优化驱动增长	经济金融结构协同	驱动模式
新加坡	54837.88	1	否	是	是	弱双轮驱动
中国香港	40298.62	2	是	是	是	双轮驱动
韩国	27069.59	3	否	是	是	弱双轮驱动
马来西亚	10681.88	4	否	是	是	弱双轮驱动
中国内地	7596.32	5	否	是	否	单轮驱动
泰国	6003.25	6	是	是	否	单轮驱动
印尼	3492.58	7	否	是	否	单轮驱动
菲律宾	2854.43	8	否	是	否	单轮驱动

三、进一步讨论

以中国香港地区为例,过去20年(以2015年为节点)的发展经验表明,这种"双轮驱动"模式的确为香港的发展做出了重要贡献,但可持续性值得继续关注。一方面,香港的经济结构已经出现"钝化"的苗头,即第三产业占GDP的比例基本维持在高位,从三次产业结构的角度看,经济结构调整进一步优化的空间有限。另一方面,过去20年,金融结构(以上市公司市值与私人信贷的比值为指标)则呈现倒"U"形波动,峰值出现在2007年全球金融海啸爆发时,金融结构是否形成新的上升周期仍有待观察。

---

① 为了克服汇率波动和经济周期波动的短期影响,这里的人均收入采用2013—2015年的平均值。

本章小结

本章主要检验金融结构优化对经济增长的影响。本章构建了经济增长、经济结构和金融结构的基本分析框架，并对东亚和东南亚主要经济体进行了经验研究，并以中国香港为典型案例，把"雁形模式"作为比较研究的背景。

具体来看，运用面板协整检验、组均值面板完全修正普通最小二乘法（group mean panel FMOLS）考察了 1996—2015 年中国香港地区、新加坡、韩国、印度尼西亚、马来西亚、泰国、菲律宾和中国内地等 8 个样本经济体的经济结构、金融结构和经济增长之间的动态关系。经验研究结果表明，经济结构转型与金融结构优化是推动经济增长的重要因素，而 Granger 因果关系检验表明，经济结构转型和金融结构优化可能成为经济增长的"双轮驱动"，如果两者之间能够形成良性互动，那么将更有利于经济的长期增长。但是值得注意的是，在我们研究的样本中，这种"双轮驱动"模式与收入水平相关，收入（经济发展）水平越高，形成这种"双轮驱动"效应的可能性也越大。东亚模式或者"雁形模式"表明，这种"双轮驱动"要发挥作用，可能存在某种"门槛效应"。

第五章 金融结构与价格机制

第一节 引 言

优化金融结构可以通过完善畅通市场价格机制来推动高质量发展。在这一机制下,主要通过优化金融结构,充分实现资源配置和风险管理中体现的价格发现功能,引导要素有序流动,推动经济转型,进而实现高质量发展。同时金融制度和体系也在这一过程中逐步完善,形成良性互动。

改革开放以来,金融业的快速发展为我国经济的崛起做出了重要贡献,金融资产总量高速膨胀,金融相关率一路高企。在总量膨胀的同时,金融业内部结构也发生了一些积极的变化,逐渐摆脱了单纯依靠银行信贷的格局,以推进利率市场化、构建多层次资本市场为主要抓手的金融市场化改革和以加入 SDR 为标志的人民币国际化进程也在不断稳步推进。总体而言,伴随着改革开放的深入推进,我国的金融结构发生了一系列深刻的变化;反过来,金融结构的演进,也对我国的金融市场,尤其是以汇率、股价为代表的各种资产价格及其相互影响和传导机制产生重要的影响。

值得注意的是,在我国金融市场化改革的推进过程中,由于近年来国际、国内经济金融形势发生了一系列深刻的变化,一些累积多年的深层次矛盾逐渐显露,主要表现为以汇率和股价为代表的重要资产价格的波动加剧(吴丽华,傅广敏,2014;王申,陶士贵,2015)。2014 年以来,人民币兑美元汇率摆脱了过去 10 年几乎单边下跌的趋势,双向波动加剧,并面临进一步人民币贬值的压力。A 股市场在经历了 2014—2015 年上半年短暂的"疯牛"之后,也经历了几波快速震荡向下的走势。那么,汇率和股价之间是否存在一种简单的符合直觉的一荣俱荣、一损俱损的关系呢?

汇率与股票价格之间的联动机制是一个复杂的问题:从因果关系看,两者之间可能有单向因果关系、双向因果关系,或没有因果关系;从相关关系看,可能是正相关、负相关,或者不相关。同时,这些关系在不同的国家、不同的时期,运用不同时间频率的样本,可能会有所不同。其背后的机制也有很多的讨论,每种机制都或多或少有 些经验研究的支持(李晓峰,叶文娱,2010;Bahmanioskooee,Saha,2015)。我们认为,一个国家的金融结构,作为十分重要的内部因素,对汇率与股票价格之间的联系有着重要的影响。特别是对于新兴经济体来说,金融结构的长期演化或者短期波动,对汇率和股价两者之间的联动机制会产生重要影响。

从汇率与股价联动机制的因果关系方向来看,可以分为两种基本模式:一种是汇率变化带动股价变化的传统机制(the traditional approach),或称"流量型"(Flow);另一种是股价变化引起汇率变化的资产组合机制(the portfolio approach),或称"存量型"(Stock)。

古典经济理论指出,股价与汇率之间存在内在关联。例如,汇率决定理论(Dornbusch,Fisher,1980)指出汇率变动会影响国际竞争力和行业地位的平衡,进而影响该国的实际产出,从而影响公司当前和未来的现金流和股价。股市的变动也可能影响汇率。作为一种资产,通过对货币需求的动态调整,股票可能会影响汇率,例如汇率决定理论的货币主义模型 (Gavin,1989)。类似的联系可以追溯到资产组合平衡模型等(Frankel, 1983)。

在微观层面上,不少研究集中在对国内公司外币风险的评估上。当汇率波动变化,汇兑损益会对公司带来收益或造成损失(Hamao,1988; Brown,Otsuki,1990;Dumas,Solnik,1995;De Santis,Gerard,1998)。 Ivkov 等(2015)研究了 4 个东欧新兴市场(塞尔维亚、波兰、匈牙利和捷克),发现有 3 个国家符合资产组合模型。Olgu 等(2015)的研究表明,脆弱五国(Fragile Five,即巴西、印度、印度尼西亚、南非和土耳其)的股价与汇率呈正相关。

近期一些学者从汇率与股价之间的不对称效果或特殊渠道的角度研究它们的相互作用。Phylaktis 和 Ravazzolo(2005)对 5 个亚太地区的经济体(马来西亚、新加坡、泰国、菲律宾和中国香港地区)1980—1998 年间相关数据的研究表明,股价和汇率呈正相关,而美国股市作为一个重要渠道完成了这种传导。周虎群和李育林(2010)研究了国际金融危机下人民币汇率与股价的联动关系。Moore 和 Wang(2014)指出,贸易平衡在亚洲国家的汇率与股价联动机制中是一个主要的决定因素,而利率差则是发达市场的驱动力。Majumder 等(2015)指出,在危机期间,汇率与股价之间的联动性变得更强,因果关系的方向是从股价到汇率;而在平静时期,则遵从汇率到股价的因果关系方向。

综上所述,已有的研究从理论探讨和经验研究两个层面对汇率和股价之间的联动机制进行了探讨,主要成果集中在以下几个方面:第一,多数研究支持汇率与股价两者之间存在联动关系(如张兵,等,2008;赵进文,张敬思,2013);第二,两者之间可能同时存在多种传导机制(如姚星垣,2007);第三,如果在模型构建时遗漏反应传导机制的关键变量,则会影响汇率与股价之间的因果关系。

　　但是,已有的研究在以下方面存在局限:第一,汇率与股价之间是否存在其他传递机制? 除了像美国证券市场这样的外部因素,一国内部的金融结构是不是重要的传导机制? 第二,经验研究是否支持汇率、股价和金融结构这个三元变量系统内部存在互为因果关联? 第三,中国作为金融结构仍处在不断演化过程中的新兴经济体,其金融结构是否是连接汇率与股价的关键变量? 针对这些局限,本章的研究围绕以下问题展开:金融结构会影响股价汇率的联动机制吗? 对于新兴经济体而言,这个因素重要吗? 新兴经济体金融结构影响股价汇率联动机制的方向和机制是什么? 有何政策启示?

　　本章的研究路径具体如下:

　　首先,构建一个基本理论框架,阐述证券市场和外汇市场可能通过一个新的渠道,即金融结构发生相互作用。已有研究表明,一个国家的股票和外汇市场之间不存在因果关系,可能是因为遗漏了作为传导机制的关键变量。Caporale 和 Pittis(1999)表明,美国股票市场可能是联系股价和汇率的重要变量。我们认为,在新兴市场,一个国家的金融结构发挥了连接汇率和股价的重要作用。

　　其次,运用协整检验和多元 Granger 因果关系检验方法,克服非平稳性的问题,较科学地呈现汇率和股票价格之间的关系。早期的经验研究集中在两个市场价格回报率之间的联系,并没有考虑时间序列水平值之间的关系。通过差分变量,一些变量的水平值之间存在的线性组合可能会丢失。应当指出的是,经济理论并不排除汇率和股价水平值之间的关系。

　　最后,检验构建的理论框架和经验研究对新兴经济体的适用性。以往的研究主要集中在美国等发达经济体(如 Aggarwal,1981;Ma,Kao,1990;Roll,1992),本章的研究以新兴市场为主体,探讨在金融市场化程度相对较低或者存在不同程度外汇管制的条件下,股票和外汇市场之间的关系,为新兴经济体的金融改革提供政策建议。

第二节 研究设计

一、理论研究框架

(一)金融结构与汇率和股价联动关系的影响

一般可以从两个不同的角度来定义金融结构:内部金融结构(internal financial structure,IFS)和外部金融结构(external financial structure,EFS),前者反映的是金融业内部不同业态之间的结构比例关系;后者反映的是金融业(可以理解为虚拟经济)与实体经济之间的结构比例关系。

内部金融结构最常见的衡量指标是直接融资和间接融资的比例;外部金融结构最经典、最常用的指标是 Goldsmith(1969)提出的金融相关率(FIR),反映了金融资产与实体经济总量之间的比例关系。

一些早期的研究探讨了金融结构与汇率(Ortiz,1979;Min,2006),金融结构与股价(Kopcke,1988)之间的关系。最近的一些研究试图深入探讨背后的机制,例如 Castroa 等(2015)发现,在对金融发展水平进行控制后,金融结构对投资行为的约束仍有影响。下面简要阐述金融结构对汇率和股价联动的影响,先从 Flow 型,即股价变动(以股价上涨为例)引起汇率变动开始。

1.直接机制

股价上涨,将吸引外资,因此本币将面临升值压力。

2.间接机制

①股价上涨,融资结构有利于股权融资,内部金融结构指标上升;内部金融结构指标上升,金融业市场化程度上升,更加吸引外资,本币升值。

②股价上涨,金融业占比上升,外部金融结构指标上升;外部金融结构指标上升,金融化程度上升,更加吸引外资,本币升值。

3.反馈机制

①正反馈:本币升值使本国流动性充裕,继续推动股价上升。

②负反馈:本币升值不利于出口,相关公司业绩下滑,股价回落。

由于内部金融结构对股价的影响更为直接,笔者认为,在汇率与股价的联动机制中,内部金融结构的影响要大于外部金融结构。

(二)实施不同发展战略的新兴经济体

在全球化进程中,新兴市场在进一步融入世界市场过程中,主要有两大战略:出口导向战略和进口替代战略。前者是指采取各种措施,促进出口导向型工业部门发展和扩大对外贸易,促进工业和经济发展;后者也被称为"内向发展战略",指一个国家采取各种措施,限制某些外国工业品进口,促进本国有关工业品的生产,逐渐在本国市场上以本国产品替代进口产品,为本国工业发展创造有利条件,实现工业化。

自20世纪40年代后期以来,几乎所有较大的发展中国家,如阿根廷、巴西、智利、哥伦比亚、埃及、印度、韩国、墨西哥都曾实行关税保护,并辅以进口数量限制和外汇管制政策。进口替代战略的基本策略是高估本

国货币价值和利用贸易保护政策,使国内的公司收益增加,导致本国的股价上涨。具体有:

①股票价格上涨将吸引外资,因此本币将面临升值压力;

②股价上涨,内部融资结构有利于股权融资,内部金融结构指标上升;

③股价上涨,虚拟经济比重上升,外部金融结构指标上升。

过程②和③可能导致工业空心,造成经济和金融泡沫。从历史经验来看,泡沫破裂时往往伴随着债务危机和货币危机,最终导致本币价值大幅下跌,典型的例子是爆发于 20 世纪 80 年代的拉美债务危机。

以东亚为典型代表的出口导向型经济体的基本做法是在经济发展初期低估本币,刺激出口和经济增长。在此期间,国内公司盈利增加,股价上涨。具体有:

①股票价格上涨将吸引外资,因此本币将面临升值压力;

②股价上涨,内部融资结构有利于股权融资,内部金融结构指数上升;

③股价上涨,金融经济比重上升,外部金融结构指数上升。

与实施进口替代战略的逻辑相似,过程②和③可能导致工业空心,造成经济和金融泡沫。一旦泡沫破裂,将很可能导致金融危机,本币价值暴跌。

在经济快速发展的过程中,金融结构通过不同的路径影响汇率和股价联动,但最终的效果相似。在采用进口替代战略的国家,币值和股价上涨,逐步形成泡沫,直到危机爆发,此时这两个指标都将经历一个急剧向下的修正过程。在实施出口导向战略的国家,币值和股票价格将开始向相反的方向移动,直到进入正反馈循环机制并同向变化,逐步形成一个膨胀的泡沫,直到泡沫破裂,如图 5-1 所示。

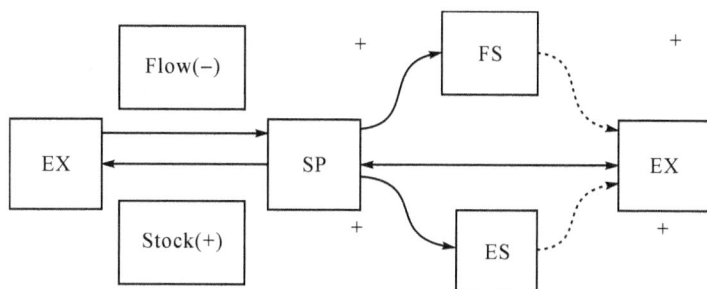

图 5-1　汇率(EX)、股价(SP)和金融结构(FS)的联动机制

(三)金融结构传导渠道矩阵

为简单起见,我们对金融结构影响汇率联动机制的可能途径进行分类并归总。首先,一个新兴经济体的经济发展水平可分为 3 个阶段:初始增长、快速扩张及危机发生。一个国家的金融经济结构可分为实体经济占主导和虚拟经济占主导 2 种基本类型。内部融资结构可分为直接融资和间接融资 2 种类型。经济发展战略可分为出口导向型和进口替代型 2 大类。因此,对于处于不同阶段、属于不同金融结构的新兴经济体而言,有 24 种可能。

理论上,汇率与股票价格因果关系可以分为 4 类,即汇率变化带动股价波动(EX→SP,Flow),股价变化带动汇率波动(SP→EX,Stock),双向因果关系(EX↔SP,bidirection,BD)和独立(EX≠SP,no)。汇率与股价在不同条件下的联动机制总结如表 5-1 所示。

表 5-1　汇率与股价联动机制矩阵

金融结构		主体	初始阶段		快速扩张阶段		危机阶段		总体
出口导向型	内部金融结构	直接金融	Flow	—	BD	+	BD	+	Flow/BD
		间接金融	no		Flow	−/+	BD	+	no/Flow/BD
	外部金融结构	实体经济	Flow	—	Flow/BD	−/+	BD	+	Flow/BD
		虚拟经济	no		BD	+	BD	+	no/BD

续　表

金融结构		主体	初始阶段		快速扩张阶段		危机阶段		总体
进口替代型	内部金融结构	直接金融	Stock	+	BD	+	BD	+	Stock/BD
		间接金融	no	−	Stock	+	BD	+	no/Stock/BD
	外部金融结构	实体经济	Stock	−	BD	+	BD	+	Stock/BD
		虚拟经济	no		Stock/BD	+	BD	+	no/BD

二、研究方法

(一)协整检验方法

一般地,汇率与股价的关系可以表示为

$$SP_t = \alpha_0 + \alpha_1 EX_t + \alpha_2 FS_t + v_t \qquad (5\text{-}1)$$

式中,SP_t 是新兴经济体股价指数,EX_t 是实际汇率[①],两者都用经过物价水平调整实际变量的对数形式表示。FS_t 是金融结构变量,v_t 是随机误差项。此外使用实际汇率而非名义汇率,因为它更能反映一个经济体与世界其他经济体的竞争地位。本书采用金融结构把汇率和当地股市联系起来。

在实施协整检验时,使用 Johansen(1988)以及 Johansen 和 Juselius(1990)提出的似然比检验方法。定义 $Y_t \equiv (SP_t, EX_t, FS_t)$,其中,$SP_t$ 是新兴经济体的实际股价指数,EX_t 是本国货币对美元的实际汇率,FS_t 是金融结构变量。如果 Y_t 存在协整关系,它可用误差修正模型(VECM)表示为

$$\Delta Y_t = \mu + \sum_{i=1}^{k-1} G_i \Delta Y_{t-i} + G_k Y_{t-1} + \varepsilon_t \qquad (5\text{-}2)$$

---

① 用名义汇率采用直接标价法,即单位美元的本国货币表示。

式中，μ 是一个 3×1 的冲击向量；G 是一个 3×3 的参数矩阵；ε_t 是一个 3×1 白噪声向量。Johansen 秩统计量检验的原假设是至多存在 r 个协整向量，$0 \leqslant r \leqslant n$，从而 $(n-r)$ 共同的随机趋势为

$$\text{trace} = -\,T \sum_{i=r+1}^{n} \ln(1 - \hat{\lambda}_i) \qquad (5\text{-}3)$$

式中，$\hat{\lambda}_i$ 是在考虑 ΔY_t 滞后差异时，Y_{t-1} 最小的规范相关平方（squared canonical correlations）。

(二)多元 Granger 因果关系检验

除了对汇率和股价之间长期走势的检验，还将对该协整系统进行 Granger 因果关系检验，以考察在包含金融机构在内的三元协整系统中，变量之间长期和短期的动态关系，考察股价和汇率之间是否通过"Stock" 和/或"Flow"模式进行连接。

在探索股票市场和汇率因果关系问题时，我们将采用 Dolado 和 Lutkepohl(1996)提出的多元 Granger 因果检验方法。他们提出了一个采用标准渐近 χ^2 分布 Wald 检验的方法，在已知系统变量为 $I(1)$ 但不存在协整向量时，构建一个一阶差分 VAR 模型和误差修正模型，可避免估计偏差，即直接对 VAR 过程中水平变量系数进行最小二乘估计。传统协整 VAR 系统中 Wald 检验的非标准渐近性质源于最小二乘估计量的渐近分布的奇异性。当估计阶数超过实际阶数时，在估计 VAR 过程中克服了奇异性，估计出非奇异分布的相关系数。

具体步骤为：首先，使用标准的 Wald 检验，检验 VAR(k) 和 VAR($k+1$)来测试一个 VAR 的滞后变量结构；其次，如果真实的数据生成过程是一个 VAR(k)系统，则 VAR($k+1$)模型符合，并采用标准的 Wald 检验对前 k 个系数矩阵进行估计。

对无差分的 VAR 方程式(5-1)进行检验

$$Y_t = \mu + A_1 Y_{t-1} + \cdots + A_p Y_{t-k} + \varepsilon_t \tag{5-4}$$

式中，A_i 是一个 3×3 系数矩阵。每个新兴经济体的 VAR 的扩展版本是

$$
\begin{bmatrix} P \\ S \\ PE \end{bmatrix} = \begin{bmatrix} A_{10} \\ A_{20} \\ A_{30} \end{bmatrix} + \begin{bmatrix} A_{11}(L) A_{12}(L) A_{13}(L) \\ A_{21}(L) A_{22}(L) A_{23}(L) \\ A_{31}(L) A_{32}(L) A_{33}(L) \end{bmatrix} \begin{bmatrix} P_{t-1} \\ S_{T-1} \\ PE_{t-1} \end{bmatrix} + \begin{bmatrix} \varepsilon_P \\ \varepsilon_S \\ \varepsilon_{PE} \end{bmatrix} \tag{5-5}
$$

式中，A_{i0} 是变量的截距项，A_{ij} 是多项式滞后算子 L，我们使用 Wald 检验选择滞后结构，然后增加一期滞后重新估计 VAR。由于每个方程具有相同的滞后长度，我们使用 OLS 估计的三个方程具有一致性和渐近有效性。我们测试有关股价和外汇市场之间的联系的两个渠道的各种假设如下。

1."Flow"：汇率变动影响股价

①直接影响：$A_{12}(L) = 0$；

②间接影响：$A_{12}(L) = 0$，$A_{13}(L) = 0$，$A_{32}(L) = 0$。

2."Stock"：股价变动影响汇率

①直接影响：$A_{21}(L) = 0$；

②间接影响：$A_{21}(L) = 0$，$A_{23}(L) = 0$，$A_{31}(L) = 0$。

3.双向因果关系

①直接影响：$A_{12}(L) = 0$，$A_{21}(L) = 0$。

②间接影响：$A_{12}(L) = 0$，$A_{13}(L) = 0$，$A_{32}(L) = 0$；$A_{21}(L) = 0$，$A_{23}(L) = 0$，$A_{31}(L) = 0$。

正如上文所述，如果金融结构会影响股价与汇率的联动机制，那么无法拒绝间接关系不成立的假设。

(三)数据来源和说明

经验研究中的样本数据为 11 个新兴经济体,具体为阿根廷、巴西、中国、印度、印度尼西亚、韩国、墨西哥、俄罗斯、沙特阿拉伯、南非和土耳其。这些经济体都属于 G20 成员[①],具有广泛的代表性。一是地理分布广泛,包括亚洲、南美洲、非洲和欧洲;二是在世界经济金融格局中具有重要地位;三是各国在经济体制、金融制度、文化传统等方面差异性较大。与多数经验研究一致,内部金融结构由股票市值/银行私人信贷来定义,外部金融结构(FIR)以(股票的市场价值+银行私人信贷)/GDP 定义。股价采用各国以本币表示的年末股价指数,汇率用年末本币兑美元即期汇率表示[②]。所有数据均来自 Wind 数据库,并用自然对数表示,如表 5-2 所示。我们将实际汇率定义为

$$\ln \mathrm{EX}_t^{\mathrm{em}} = \ln \mathrm{CPI}_t^{\mathrm{em}} - \ln e_t^{\mathrm{em}} - \ln \mathrm{CPI}_t^{\mathrm{US}} \tag{5-6}$$

式中,$\mathrm{CPI}_t^{\mathrm{em}}$ 是新兴经济体消费者物价指数;e_t^{em} 是名义汇率;$\mathrm{CPI}_t^{\mathrm{US}}$ 是美国物价指数,如图 5-2 和图 5-3 所示。

表 5-2 经验研究中样本数据范围

新兴经济体	EX	SP	FS
阿根廷	1992—2015	1992—2015	1992—2015
巴西	1995—2015	1995—2015	1995—2015
中国	1995—2015	1991—2015	1991—2015
印度	1995—2015	1995—2015	1995—2015

① G20 成员由中国、阿根廷、澳大利亚、巴西、加拿大、法国、德国、印度、印度尼西亚、意大利、日本、韩国、墨西哥、俄罗斯、沙特阿拉伯、南非、土耳其、英国、美国以及欧盟等 20 个成员组成。

② 由于股价和汇率数据为非平衡面板数据,为方便比较,在计算指数时以 1995 年为基年。

续　表

新兴经济体	EX	SP	FS
印度尼西亚	1995—2015	1995—2015	1995—2015
韩国	1988—2015	1995—2015	1995—2015
墨西哥	1988—2015	1988—2015	1988—2015
俄罗斯	1993—2015	1995—2015	1995—2015
沙特阿拉伯	1994—2015	1988—2015	1988—2015
南非	1988—2015	1995—2015	1995—2015
土耳其	1988—2015	1988—2015	1988—2015

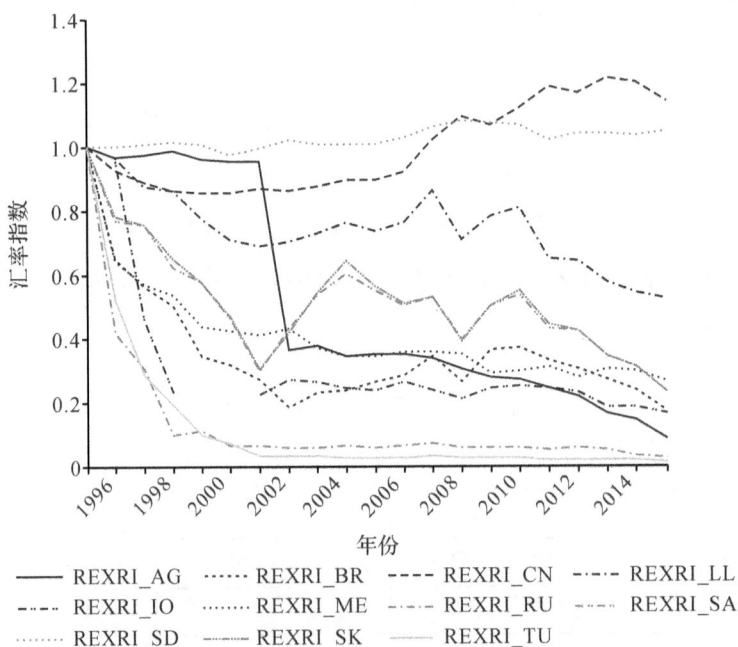

图 5-2　1995—2015 年各新兴经济体汇率指数

注:图中的汇率指数是以经过物价水平调整的实际汇率(单位美元兑换本国货币值)来表示,以 1995 年数据为基准(取 1);_AG、_BR、_CN、_II、_IO、_SK、_ME、_RU、_SD、_SA、_TU 分别表示阿根廷、巴西、中国、印度、印度尼西亚、韩国、墨西哥、俄罗斯、沙特阿拉伯、南非和土耳其。

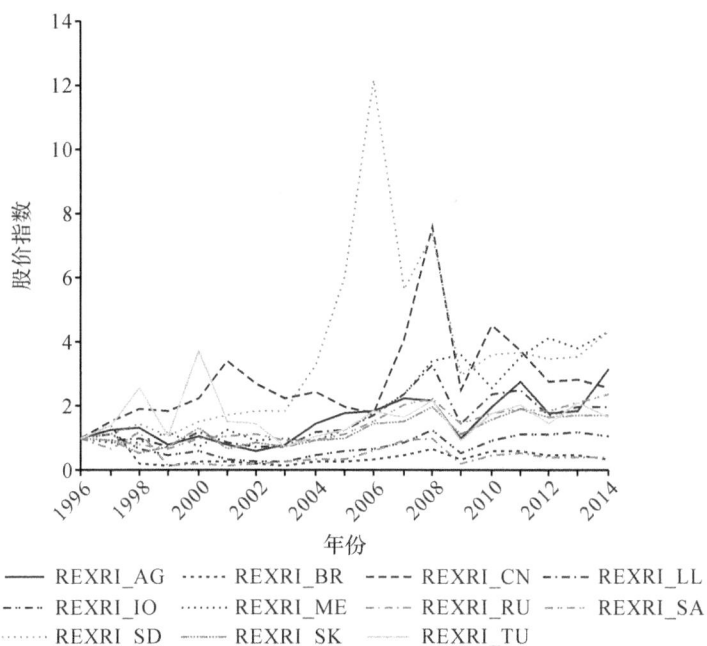

图 5-3　1995—2015 年各新兴经济体股价指数

注:股价指数以本币表示,以 1995 年数据为基准(取 1);图中_AG、_BR、_CN、_II、_IO、_SK、_ME、_RU、_SD、_SA、_TU 分别表示阿根廷、巴西、中国、印度、印度尼西亚、韩国、墨西哥、俄罗斯、沙特阿拉伯、南非和土耳其。

第三节　经验研究

一、协整检验结果

首先对时间序列进行单位根检验,表明所有变量均为 $I(1)$,需要进行一阶差分。为了消除小样本偏误,我们采用 Johansen 秩统计量方法(Reimers,1992)。[①] 因此,我们将(5-3)式中的 T 替换为 $(T-nk)$。

表 5-3 表明,在 5% 的显著性水平下,所有经济体的三变量系统无法拒绝至少存在一个协整向量的原假设。

表 5-3　协整检验

新兴经济体	$H_0 : r = 0$	$H_1 : r \leqslant 1$	$H_3 : r \leqslant 2$
阿根廷	36.18617**	11.88042	0.914242
巴西	34.94121**	11.65682	0.004209
中国	24.77829**	8.611629	0.210089
印度	50.29611***	24.14389**	5.232111
印度尼西亚	57.11375***	19.56642**	5.337182**
韩国	51.45410**	22.71945**	5.711561
墨西哥	50.09210**	17.10869	5.129233

---

① 应用 Monte Carlo 方法进行模拟迹检验比最大特征值检验法的结果更稳健,具体请参见 Cheung 和 Lai(1993)对此问题的讨论。

续　表

新兴经济体	$H_0: r=0$	$H_1: r\leqslant1$	$H_3: r\leqslant2$
俄罗斯	37.90669**	13.11903	5.338596
沙特阿拉伯	40.27570**	15.53375	2.356144
南非	51.23960***	16.23593	6.786001
土耳其	59.38337***	24.11029	8.766732

注：r 表示显著的协整向量个数。Johansen 秩统计量分别检验没有，至多 1 个和至多 2 个的假设。临界值采用 Reimers(1992)的参数。统计量参照 Reimers(1992)对有限样本进行修正；*、** 和 *** 分别表示在 10%、5% 和 1% 水平上显著。

表 5-4 表明，除了巴西和中国，其他经济体的实际汇率与股价均呈正相关关系。金融结构与股价之间并不存在一致的正相关关系，说明汇率和股价通过金融结构这个机制进行联动的复杂性。

表 5-4　长期协整向量

新兴经济体	α_0	α_1	α_2
阿根廷	−6.982433	0.669465	1.174316
巴西	−10.653040	−0.640634	0.700503
中国	−7.258037	−0.305138	−2.690790
印度	−1.285167	0.708289	−0.854364
印度尼西亚	7.622468	0.458301	−0.567112
韩国	−3.574243	1.286682	−6.022648
墨西哥	0.143894	2.411825	−3.611333
俄罗斯	−5.799065	2.220249	−0.679487
沙特阿拉伯	29.717040	27.559490	0.043084
南非	−4.151019	1.358568	−2.793157
土耳其	−6.118868	0.373463	−0.269537

我们继续检验在这个三变量协整系统中去掉某个变量以后的情况，如表 5-5 所示。其中，11 个经济体中有 9 个，即阿根廷、巴西、印度、印度尼西亚、韩国、墨西哥、俄罗斯、沙特阿拉伯、南非，拒绝了排除变量的假

设。有 2 个国家例外,即中国和土耳其。中国是无法拒绝排除汇率变量,土耳其则是无法拒绝排除金融结构的变量。对前者而言,可能的解释是,中国直到 2005 年汇改才允许人民币兑美元汇率实施有管理的浮动;而土耳其的金融结构对汇率和股价的联动几乎没有影响。

表 5-5　排除变量的约束检验

新兴经济体	SP_t	EX_t	FS_t
阿根廷	8.663545***	7.770593***	6.422585**
巴西	12.55455***	5.550067**	34.79562***
中国	4.553237***	0.827421	6.782176***
印度	21.66810***	17.56742***	21.44467***
印度尼西亚	4.161804**	14.55333***	3.637978*
韩国	15.73057***	7.449367***	18.38117***
墨西哥	6.230513**	10.77898***	2.822583*
俄罗斯	7.862418***	69.06730***	7.627199***
沙特阿拉伯	12.30029***	18.01990***	4.511173***
南非	24.79806***	16.63840***	26.27349***
土耳其	4.485883**	14.69003***	0.247582

注:统计值是带有一个自由度的 χ^2 统计量;*、**和***分别表示在 10%、5% 和 1% 水平上显著。

二、遗漏变量检验

之前多数的经验研究都直接检验汇率与股价之间的关系,但是由于缺失了两者之间的中介,这个系统可能并不完整,即存在"遗漏重要变量"的可能。若果真如此,变量之间的长期关系和因果关系将失效。Lutkepohl(1982),以及后来 Caporale 和 Pittis(1999)的研究表明,在变量遗漏而不完整的系统中,被遗失的变量是因果推断敏感性的唯一决定因素。[①]

$$SP_t = \alpha_0 + \alpha_1 EX_t + \alpha_2 FS_t + v_t \qquad (5\text{-}7)$$

因此,如果金融结构是股价或/和汇率的 Granger 原因,在汇率与股价的双元协整体系中的因果关系可能不显著。在第五部分,我们将运用多元 Granger 因果关系检验的方法,分别验证金融结构和股价、金融结构和汇率之间的因果关系。具体包括 FS_t 和 SP_t 之间的因果关系,即检验约束条件 $A_{13}(L)=0$;FS_t 和 EX_t 的因果关系,即检验约束条件 $A_{32}(L)=0$。

为了验证在汇率和股价的协整关系中包含金融结构这一变量的重要性,笔者在排除金融结构变量以后再次检验股价和汇率的协整关系,结果如表 5-6 所示。正如所料,除了土耳其以外,无法拒绝两者之间不存在协整关系的假设,这与之前在三元变量排除检验中土耳其的金融结构变量可被排除相照应。以上检验表明,此前那些不包括金融结构变量对股价和汇率联动关系进行研究得出的结果似乎值得怀疑。

表 5-6　协整检验

新兴经济体	$H_0:r=0$	$H_1:r\leqslant 1$
阿根廷	8.813551	0.064504
巴西	15.032530	2.000468
中国	10.366230	2.094934
印度	3.370565	0.028948
印度尼西亚	37.177440***	6.252050**
韩国	10.387300	2.664785

① Caporale 和 Pittis(1999)采取一阶二元 VAR 模型,推导出其特征值均等于 1 的条件,即这个二元系统内没有协整关系和因果关系。他们进一步推断,如果这个二元变量 VAR 是一个三元系统的一部分,而被遗漏的变量对二元系统中的 0、1,或者 2 个变量有因果关系,那么遗漏该变量之后对二元系统有重要影响。

续　表

新兴经济体	$H_0 : r = 0$	$H_1 : r \leqslant 1$
墨西哥	19.636350**	1.386408
俄罗斯	8.772730	0.946333
沙特阿拉伯	26.252290***	2.601022
南非	5.628011	0.946551
土耳其	16.092260**	6.358724**

注：r 表示显著的协整向量个数。Johansen 秩统计量分别检验没有和至多 1 个的假设。临界值采用 Osterwald-Lenum(1992)。统计量参照 Reimers(1992)的模型对有限样本进行修正；*、** 和 *** 分别表示在 10%、5% 和 1% 水平上显著。

三、多元 Granger 因果关系检验

接下来我们将对动态系统进行多元 Granger 因果关系检验，目的是验证汇率和股价通过"Flow"和"Stock"两种渠道进行关联。通过限制 $A_{12}(L) = 0$，$A_{13}(L) = 0$，$A_{32}(L) = 0$，检验"Flow"渠道；通过限制 $A_{21}(L) = 0$，$A_{23}(L) = 0$，$A_{31}(L) = 0$，检验"Stock"渠道。此外，我们还将检验限制 $A_{31}(L) = 0$，$A_{32}(L) = 0$ 的情景，考察汇率、股价和金融结构之间是否存在一种循环反馈机制。

结果表明（见表 5-7），在印度、印度尼西亚、韩国、墨西哥、俄罗斯、土耳其，假设 $A_{12}(L) = 0$，$A_{13}(L) = 0$，$A_{32}(L) = 0$ 被拒绝，则表明外汇和本地股票市场通过"Flow"渠道相连。在巴西、沙特阿拉伯和南非，假设 $A_{21}(L) = 0$，$A_{23}(L) = 0$，$A_{31}(L) = 0$，因此市场通过"Stock"渠道相连。在阿根廷，两种渠道都发生作用。

通过外部金融结构（FIR）渠道再次检验汇率与股价联动机制，结果表明（见表 5-8），没有国家通过外部金融结构影响汇率与股价联动机制。在巴西和墨西哥，由于假设 $A_{21}(L) = 0$，$A_{23}(L) = 0$，$A_{31}(L) = 0$ 被拒绝，

表 5-7　包含内部金融结构的多元 Granger 因果检验

新兴经济体	$A_{12}(L)=0$	$A_{13}(L)=0$	$A_{21}(L)=0$	$A_{23}(L)=0$	$A_{31}(L)=0$	$A_{32}(L)=0$
阿根廷	18.48408*** (0.0000)	3.335300** (0.010579)	3.923044** (0.0476)	1.782370 (0.1819)	9.272717*** (0.0023)	25.652880*** (0.0000)
巴西	0.082078 (0.7745)	5.504056** (0.0190)	21.558400*** (0.0000)	6.530444** (0.0106)	19.794450*** (0.0000)	0.224763 (0.6354)
中国	19.440620*** (0.0000)	0.377604 (0.5389)	0.329842 (0.5658)	1.110630 (0.2919)	0.027684 (0.8679)	31.099620*** (0.0000)
印度	32.662550*** (0.0000)	2.696540* (0.1006)	15.992330*** (0.0001)	0.593389 (0.4411)	13.729110*** (0.0002)	7.713477*** (0.0055)
印度尼西亚	13.491770*** (0.0002)	4.389853** (0.0362)	2.146832 (0.1429)	6.625095** (0.0101)	1.426919 (0.2323)	19.856930*** (0.0000)
韩国	43.737210*** (0.0000)	2.790463* (0.0948)	0.521554 (0.4702)	2.069323 (0.1503)	3.031383* (0.0817)	54.84393*** (0.0000)
墨西哥	4.658457** (0.0309)	0.520966 (0.4704)	5.369186** (0.0205)	1.334264 (0.2480)	5.326909* (0.0210)	7.281572*** (0.0070)
俄罗斯	7.566426*** (0.0059)	4.933286** (0.0263)	0.080851 (0.7761)	4.690531** (0.0303)	0.416099 (0.5189)	9.053609*** (0.0026)
沙特阿拉伯	263.0496*** (0.0000)	263.0461*** (0.0000)	263.0502*** (0.0000)	263.0517*** (0.0000)	260.4672*** (0.0000)	260.4722*** (0.0000)
南非	24.464380*** (0.0000)	7.843417*** (0.0051)	12.929920*** (0.0003)	8.435842*** (0.0037)	17.274360*** (0.0000)	30.503180*** (0.0000)
土耳其	34.433710*** (0.0000)	3.081962* (0.0792)	3.937845** (0.0458)	2.325432 (0.1273)	6.892585*** (0.0087)	50.712310*** (0.0000)

注：括号中的数字是 p 值；*、** 和 *** 分别表示在 10%、5% 和 1% 的水平上显著。

因此市场通过"Stock"渠道相连。这些结果表明,外部金融结构并不能显著地影响汇率和股票价格联动机制。

表 5-8　包含外部金融结构(FIR)的多元 Granger 因果检验

新兴经济体	$A_{12}(L)=0$	$A_{13}(L)=0$	$A_{21}(L)=0$	$A_{23}(L)=0$	$A_{31}(L)=0$	$A_{32}(L)=0$
阿根廷	2.240972 (0.1344)	1.504263 (0.2200)	10.65258*** (0.0011)	0.252350 (0.6154)	16.10359*** (0.0001)	1.224864 (0.2684)
巴西	10.903650*** (0.0010)	16.954630*** (0.0000)	12.126260*** (0.0005)	27.822140*** (0.0000)	8.403809*** (0.0037)	4355.663000 (0.0000)
中国	11.679390*** (0.0006)	1.028401 (0.3105)	39.416650*** (0.0000)	2.207273 (0.1374)	24.895450*** (0.0000)	1.035718 (0.3088)
印度	21.501530*** (0.0000)	0.312618 (0.5761)	11.881570*** (0.0000)	2.983687** (0.0841)	0.179775 (0.6716)	0.043419 (0.8349)
印度尼西亚	6.670368*** (0.0098)	0.376108 (0.5397)	2.458885 (0.1169)	0.089631 (0.7646)	0.468268 (0.4938)	0.430482 (0.5118)
韩国	7.727430*** (0.0054)	0.995651 (0.3184)	16.570650*** (0.0000)	0.065296 (0.7983)	2.546497 (0.1105)	0.006499 (0.9357)
墨西哥	0.036583 (0.8483)	4.284629** (0.0385)	6.803064*** (0.0091)	9.656487*** (0.0019)	3.543340*** (0.0598)	0.863695 (0.3527)
俄罗斯	20.188710*** (0.0000)	2.472442 (0.1159)	0.937555 (0.3329)	2.889350* (0.0892)	0.102924 (0.7483)	1.306719 (0.2530)
沙特阿拉伯	14.943470*** (0.0001)	4.562689** (0.0327)	6.132077** (0.0133)	1.293549 (0.2554)	1.344135 (0.2463)	22.512330 (0.0000)
南非	4.308139** (0.0379)	0.684917 (0.4079)	18.194560*** (0.0000)	0.089112 (0.7653)	8.387264*** (0.0038)	1.086521 (0.2972)
土耳其	30.607340*** (0.0000)	1.047707 (0.3060)	22.052230*** (0.0000)	0.341672 (0.5589)	1.674391 (0.1957)	0.025075 (0.8742)

注:括号中的数字是 p 值;*、** 和 *** 分别表示 10%、5% 和 1% 水平上显著。

　　总体而言,在新兴市场国家,汇率和股价通过"Flow"和"Stock"两种渠道进行关联,金融结构在汇率和股价联动机制中发挥了一定的作用,其中内部金融结构要比外部金融结构的影响更大。相对而言,样本区间内,中国的这种关联尚不显著,但是根据其他新兴经济体的经验,随着我国金融市场化改革的深入和国际化程度的提高,这种影响将会逐渐变大,不能忽视。多元 Granger 因果关系检验的结果汇总,如表 5-9 所示。

表 5-9　多元 Granger 因果检验结果汇总

新兴经济体	Flow				Stock			
	内部金融结构		外部金融结构		内部金融结构		外部金融结构	
	直接	间接	直接	间接	直接	间接	直接	间接
阿根廷	是	是			是	是	是	
巴西			是		是	是	是	是
中国	是		是				是	
印度	是	是	是				是	
印度尼西亚	是	是	是		是			
韩国	是	是	是				是	
墨西哥	是						是	是
俄罗斯	是	是	是		是			
沙特阿拉伯	是		是		是	是	是	
南非	是		是		是	是	是	
土耳其	是	是	是		是		是	

　　为了提高经验研究的可信度,我们从以下两方面进行了稳健性检验。一是对样本数据的采集时点进行检验。由于采用年度数据,汇率和股价为年末数据,但是一年之内的波动可能较大,因此我们分别采取 6 月底的数据,以及年初、年底平均值的方式进行检验。二是对金融结构指标进行检验。本章内部金融结构定义为股票市值/银行私人信贷,外部金融结构定义为(股票市值＋银行私人信贷)/GDP。我们用(股票市值＋债券市值)/银行私人信贷,(股票市值＋债券余额＋银行私人信贷)/GDP 等指标进行检验,结果是稳健的。

本 章 小 结

  本章主要检验了金融结构与市场价格的关系。汇率和股价是市场价格体系中的核心价格指标,我们运用协整检验和多元 Granger 因果检验方法,探讨了 1988—2015 年 11 个新兴经济体股价与汇率的联动关系及其传导机制。经验研究表明,不论采取出口导向策略还是进口替代策略,在特定阶段,新兴经济体的汇率与资产价格都会通过金融结构的传导同向变动。

  经验研究结果表明,总体而言,内部金融结构,即直接融资与间接融资比例作为传导路径的显著性较强,11 个经济体中,有 10 个呈现单向因果关系,1 个呈现双向因果关系;而外部金融结构,即金融相关比率(FIR)对联动机制作用的显著性较低。因此,要重视金融结构对资产价格的重要影响,并从关注金融结构的角度积极防范系统性金融风险。

第六章　金融结构与技术进步

第一节　引　言

优化金融结构可以通过促进技术进步来推动高质量发展。在这一机制下,主要通过金融结构优化,充分实现资源配置和风险管理功能,提升在创新和技术进步中的风险管理能力,更好地配合创新在推动经济转型中的作用,进而实现高质量发展。

本章重点考察高质量发展的一个基本维度:拉动经济增长的动力由主要依赖要素驱动逐步转换到更加倚重技术进步,提升全要素生产率(total factor productivity,TFP)上来。从经济学的角度看,考察 TFP 是更加注重长期高质量发展的基本动力。

从相对 TFP 比较来看(以美国为 100%),比较接近美国的有法国、土耳其、德国、沙特,均超过美国的 90%。而我国的相对 TFP 则在改革开放以后逐步震荡上升,加入 WTO 以后呈现出显著上升的态势,近年来维持在美国的 40%~50%。

从分布规律看,也存在两个特征:一是 G7^① 的 TFP 水平整体上高于新兴经济体;二是新兴经济体的相对 TFP 水平正在不断提升,与 G7 的差距正在缩小。此外,部分新兴经济体,如俄罗斯和印尼的相对波动幅度较大,如图 6-1 所示。

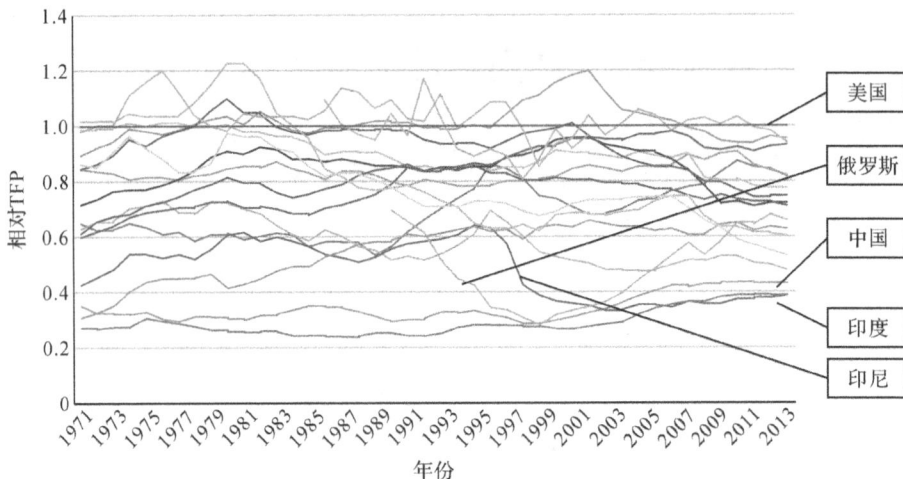

图 6-1 1971—2013 年 G20 成员的相对 TFP(以美国为 100%)

数据来源:Penn World Table 9.0。

从已有文献来看,金融发展与技术进步存在密切关联。

第一,以银行为代表的金融中介发展能够推动创新和技术进步。一是降低事前评估成本,比如 King 和 Levine(1993)指出,金融中介可以对企业家的技术创新能力进行事前评估,而且使得评估成本下降,从而缓解企业家面临的融资约束。二是降低事中的监督成本,比如 De la Fuente 和 Martin(1996)强调,金融中介可降低企业家技术创新过程中的监督成本,有利于企业家获得更加优惠的贷款条件,从而从事更高水平的技术创新活动。

第二,以证券市场为代表的金融市场的发展也能推动创新和技术进

---

① G7 指美国、加拿大、英国、意大利、法国、德国和日本。

步。一是更好地分散风险,金融市场能够对研发(R&D)过程中的风险进行跨期分散,这将促使企业选择更加专业化的技术,也会使企业技术创新的成功率得以提高(如 Levine,1991;Saint-Paul,1992)。二是更好地传递信息,正确市场为投资者提供表达不同意见的机制,使其更能支持技术创新(孙伍琴,2004)。

第三,金融结构对创新和技术进步也有影响,但存在异质性。比如林三强等(2009)发现金融结构对技术创新的促进作用短期效果有限;姚耀军和董钢锋(2013)应用 2005—2011 年中国省级面板数据发现相对于大银行,中小银行地位的提升有助于技术进步;林志帆和龙晓旋(2015)的研究表明,在接近前沿的技术水平时偏向银行部门的金融结构对技术进步的影响由正转负,因此主张随着发展中国家技术进步来源从吸收模仿转向研发创新,金融结构需要从"银行主导"向"市场主导"转变;张一林等(2016)指出,在构建优良的制度环境充分保护投资者权益的基础上,发挥股权融资对技术创新具有重要支持作用。

第四,金融结构与技术进步存在协同和耦合发展效应。徐明和刘金山(2017)认为,银行和资本市场如果能够履行各自分工职能和提供专业化金融服务,匹配不同性质和类型的技术创新,则不同金融结构均可以有效促进技术创新;叶德珠和曾繁清(2019)通过构建金融结构与技术水平匹配度指标,并利用跨国面板数据进行实证检验,发现金融结构—技术水平匹配度越高越能够推动经济发展,且这种效应在中低收入国家更为显著;吴勇民等(2014)利用我国 1995—2001 年时间序列的实证分析表明,我国技术进步与间接金融已形成了良好的协同效应,但与直接金融体系之间尚未形成协同效应;在区域层面,李素梅和黄衍枝(2017)基于区域金融结构—技术创新复合系统协同度模型,利用 1995—2015 年京津冀区域金融结构与技术创新的面板数据,研究发现技术创新与间接金融的协同度高于其与直接金融的有序度。

综上所述，多数研究表明，金融发展推动技术进步的机制中包含了结构性因素，相比于间接融资，直接融资对于技术进步的影响更显著。但是金融发展和金融结构优化如何影响技术进步的机制有待进一步明确。本章认为，需要考察技术进步的内生性，因此需要把金融发展、经济增长和技术进步放在统一的框架中进行分析。

第二节 研究设计

根据金融发展、经济增长和技术进步三者的关联,基于已有研究和本章研究核心内容,我们提出以下研究假设:

假设 1:金融发展能够推动 TFP。

假设 1a:金融规模扩张能够推动 TFP。

假设 1b:金融结构优化能够推动 TFP。

假设 2:金融发展能够推动经济增长。

假设 2a:金融规模扩张能够推动经济增长。

假设 2b:金融结构优化能够推动经济增长。

假设 3:金融发展通过推动经济增长,内生作用于技术进步。

我们的基准方程是

$$\ln \text{TFP}_{i,t} = \beta_0 + \beta_1 \text{FD}_{i,t} + \lambda_i X_{i,t} + \rho_i + \mu_t + \varepsilon_{i,t} \tag{6-1}$$

$$\ln \text{EG}_{i,t} = \beta_0 + \beta_1 \text{FD}_{i,t} + \lambda_i X_{i,t} + \rho_i + \mu_t + \varepsilon_{i,t} \tag{6-2}$$

式中,TFP 是全要素生产率;EG 是经济增长(人均 GDP);FD 是金融发展;X 是控制变量;ρ 是个体效应;μ 是时间效应;ε 为随机误差项。

如果考虑金融结构(FS)因素,则有

$$\ln \text{TFP}_{i,t} = \beta_0 + \beta_1 \text{FD}_{i,t} + \beta_2 \text{FS}_{i,t} + \lambda_i X_{i,t} + \rho_i + \mu_t + \varepsilon_{i,t} \tag{6-3}$$

$$\ln \text{EG}_{i,t} = \beta_0 + \beta_1 \text{FD}_{i,t} + \beta_2 \text{FS}_{i,t} + \lambda_i X_{i,t} + \rho_i + \mu_t + \varepsilon_{i,t} \tag{6-4}$$

如果把经济增长作为金融发展和金融结构优化引起技术进步的中介变量,则有

$$\ln \text{TFP}_{i,t} = \beta_0 + \ln \text{EG}_{i,t} + \beta_1 \text{FD}_{i,t} + \beta_2 \text{FS}_{i,t} + \lambda_i X_{i,t} + \rho_i + \mu_t + \varepsilon_{i,t}$$

$$(6\text{-}5)$$

本章以 1971—2014 年 G20 成员为样本。之所以选择 G20 作为样本，首先是因为 G20 涵盖了当前主要经济体，其经济总量占比达到全球 GDP 的 70%；其次是 G20 成员有广泛的代表性，包括了以 G7 为代表的发达经济体和以 BRICS 为代表的新兴经济体。本章人均 GDP 数据来自世界银行数据库（World Development Indicators），TFP 数据来自 Penn World Table 9.0[①]（Feenstra，Inklaar，Timmer，2015），其余指标来自 Wind 数据库。描述性统计指标如表 6-1 所示。

表 6-1　描述性统计

指标	说明	均值	中位数	最大值	最小值	标准差	样本量
LNGDPPC	人均 GDP	9.04	9.16	11.12	5.70	1.25	611
CREDITD	境内信贷/GDP	101.42	89.94	357.32	10.15	68.42	611
CREDITP	私人信贷/GDP	78.53	72.12	227.75	8.33	52.44	611
MARKETV	股票市值/GDP	55.94	41.37	626.84	0.00	52.68	611
FINSTRUCTUREI	股票市值/私人信贷	83.43	68.33	896.42	0.04	70.88	611
RTFPNA	TFP	0.96	0.98	1.54	0.56	0.14	611
RWTFPNA	福利相关的 TFP	0.92	0.94	1.59	0.38	0.15	611

---

① 该数据库中关于世界各国的 TFP 有四种序列，在基准回归时采用的是基于各国不变价格计算的福利相关 TFP[Welfare-relevant TFP at constant national prices(2011=1)]。在稳健性检验时替换为其他 TFP 指标。

第三节　经验研究

一、基准回归

接下来我们考察金融发展,尤其是金融结构影响 TFP 的内在机制。

我们用散点图观察经验事实。在样本区间,G20 成员金融发展的两个方面与 TFP 之间的关系均呈现负相关关系,如图 6-2 所示。

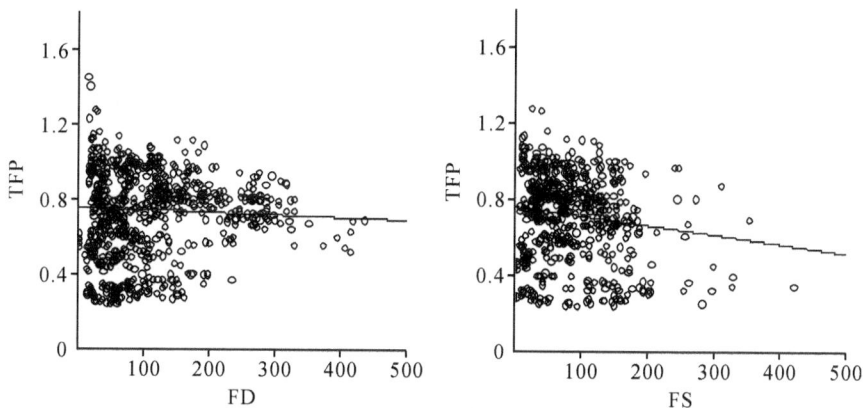

图 6-2　G20 成员金融发展与 TFP 散点图

但是,正如前文所述,G20 成员在经济发展阶段和各自国情方面都有多元性,金融结构与 TFP 之间的关系有较大可能呈现异质性,如图 6-3 所示,代表性发达经济体的金融结构与 TFP 直接存在正相关关系,如法国、德国和英国。

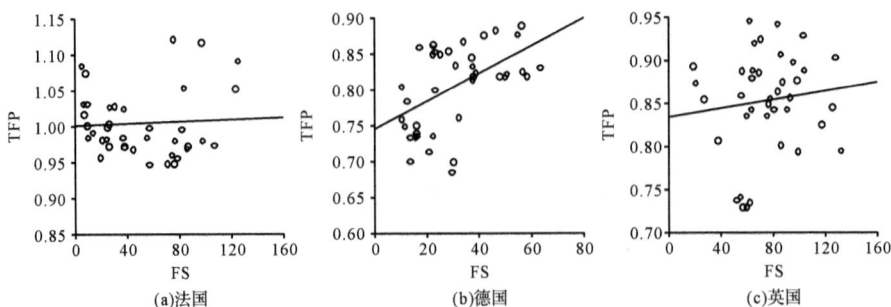

图 6-3　代表性发达国家金融发展与 TFP 散点

从金融发展规模与金融结构对 TFP 的影响检验结果（见表 6-2）来看，模型（1）表明金融规模的扩张与 TFP 之间的关系并不显著，因此通过金融规模扩张影响经济增长提升 TFP 的机制并不存在。而模型（4）—模型（6）则表明，通过优化金融结构影响经济增长从而提升 TFP 的机制可能存在，而且模型（6）金融结构的显著性水平表明，经济增长是金融结构与 TFP 之间的完全中介变量。

表 6-2　金融发展影响 TFP 的机制检验

变量		模型（1）	模型（2）	模型（3）	模型（4）	模型（5）	模型（6）
被解释变量		TFP	经济增长	TFP	TFP	经济增长	TFP
解释变量	LNGDPPC			0.2877*** (0.0197)			0.1341*** (0.0120)
	CREDITP	0.0001 (0.0001)	0.0085*** (0.0005)	0.0001 (0.0002)			
	MARKETV				0.0006*** (0.0001)	0.0028*** (0.0007)	0.0001* (0.0001)
	FINSTRUCTUREI	0.7490*** (0.0182)	7.7454*** (0.0687)	1.7644*** (0.1702)	0.7837*** (0.0134)	9.2748 (0.0748)	0.4694*** (0.1089)
个体固定效应		是	是	是	是	是	是
年份固定效应		是	是	是	是	是	是
调整后的 R^2		0.0009	0.2866	0.7214	0.0301	0.0242	0.8834
样本数量		801	801	801	627	627	627

注：***、**、*分别表示在 1%、5% 和 10% 水平上显著。括号内值为标准误。

与金融规模变量相比,采用金融结构变量以后,有以下两个变化。一是经济增长对于 TFP 的系数变小,二是金融结构对于 TFP 的系数由不显著变为在 10% 显著性水平上显著。从拟合效果看,可以发现调整后的 R^2 变大,拟合效果有所改进。从以上探索性的检验中我们看到,金融结构与金融规模对于高质量增长和绿色发展的解释力有较大差异。

二、异质性检验

接下来考虑金融发展对 TFP 的异质性效应。发达国家金融规模的扩张对 TFP 没有显著相关性(模型 7),而金融结构的优化能够提升 TFP(模型 9);而新兴经济体金融规模的扩张反而会对高质量增长不利(模型 8),而金融结构的调整影响也不显著(模型 10),如表 6-3 所示。

表 6-3　金融结构与 TFP 关系的异质性检验

变量		模型(7)	模型(8)	模型(9)	模型(10)
被解释变量		TFP	TFP	TFP	TFP
样本		G7	BRICS	G7	BRICS
解释变量	LNGDPPC	0.1090*** (0.0231)	1.42E−06*** (4.02E−06)	0.1136*** (0.0260)	1.45E−05*** (3.72E−06)
	CREDITP	0.0001 (0.0001)	−0.0003** (0.0001)		
	FINSTRUCTUREI			0.0004** (0.0002)	1.62E−05 (1.19E−05)
	常数项	−0.2023 (0.2257)	0.5133*** (0.0225)	−0.2677 (0.2613)	0.4323*** (0.0151)
	个体固定效应	是	是	是	是
	年份固定效应	是	是	是	是
	调整的 R^2	0.7547	0.8329	0.7550	0.8799
	样本数量	308	192	272	139

注:***、**、* 分别表示在 1%、5% 和 10% 水平上显著。括号内值为标准误。

三、稳健性检验

稳健性检验主要从以下两方面展开。一是替换变量,包括用私人信贷、国内信贷、股票市场等指标测度金融发展;用 Penn World Table 9.0 其余全要素生产率指标测度高质量增长。二是成员分组替换,用 G20 成员中 11 个新兴经济体替代 BRICS,结果也是稳健的。

本章小结

本章主要探讨了金融结构对全要素生产率的影响。1971—2014 年 G20 经济体样本的经验研究结果表明,金融规模的扩张与全要素生产率之间关系并不显著,因此通过金融规模扩张影响经济增长、提高全要素生产率的机制并不存在。通过优化金融结构影响经济增长从而提高全要素生产率的机制可能存在,经济增长是金融结构与全要素生产率之间的完全中介变量。

异质性检验表明,G20 经济体样本中,金融规模扩张和金融结构调整对发达经济体和新兴经济体的作用存在显著差异。具体来看,发达经济体金融规模的扩张与 TFP 没有显著相关性,而金融结构的优化能够提升 TFP;新兴经济体金融规模的扩张可能会对 TFP 的提升和高质量增长产生负影响,而金融结构的调整影响也不显著。因此,对新兴经济体而言,需要进一步健全完善金融体系,优化金融结构,充分发挥各项金融功能,更好地服务于高质量发展。

第七章 金融结构与绿色发展

第一节 引 言

优化金融结构可以通过促进绿色发展、减少碳排放来推动高质量发展。在这一机制下，主要通过优化金融结构，在绿色发展理念指导下，充分实现资源配置和风险管理功能，发展绿色金融，克服和缓解环境资源约束，促进环境友好型经济的发展，进而实现高质量发展。

党的十九大报告中指出，中国经济已由高速增长阶段转向高质量发展阶段。我们认为，高质量发展时有两个基本维度密切关联：一是拉动经济增长的动力由主要依赖要素驱动逐步转换到更加倚重技术进步，提升全要素生产率（TFP）上来，这是上一章讨论的核心内容；二是在发展方式上，由粗放式发展转换到更加环境友好的绿色发展上来，这是本章讨论的核心内容。从经济学的角度看，前者更加注重长期增长的动力，后者更加侧重对可持续发展约束条件的关注。

绿色发展是党的十八届五次全会提出实现"十三五"时期发展目标必

须牢固树立并切实贯彻的五大发展理念之一。① 这两者之间又存在密切的相互关系,并可能存在内在的一致性关系,即绿色发展是高质量增长的表现之一,而高质量增长也必定是落实绿色发展理念的增长。当前,我国经济正处于转型升级的关键时期,对于绿色发展日益重视。2015 年 3 月 24 日,中共中央政治局审议通过《关于加快推进生态文明建设的意见》。在 G20 杭州峰会上绿色可持续发展的理念再次得到重视和深化,会后发布的《G20 绿色金融综合报告》从金融支持的角度全面阐述了全球经济向绿色低碳方向转型的必要性和可行性。2016 年 8 月 31 日,中国人民银行、财政部、国家发展和改革委员会、环境保护部、银监会、证监会、保监会印发《关于构建绿色金融体系的指导意见》。一系列政策的出台表明,从金融发展的角度推动绿色发展和高质量增长是一个重要的战略思路并日益受到重视。

对金融发展与能源消费之间关系的研究,在 2007 年全球金融海啸的爆发以后受到更多的重视。总体上看呈现两种观点:一种观点认为,金融发展拉动能源消费。其基本逻辑是金融发展通过促进经济增长,从而拉动能源消费(Sadorsky,2010;Zhang,2011;Aslan,Apergis,Topcu,2014,Rashid,Yousaf,2015)。Sadorsky(2011)进一步把这种正向关系区分为三种效应,即直接效应(direct effect)、商业效应(business effect)和财富效应(wealth effect)。另一种观点认为,金融发展减少能源消费,其主要的逻辑是金融发展带来技术进步,而技术进步能减少能源消费(Tamazian,Chousa,Vadlamannati,2009;Mahalik,Mallick,2014),这种效应又被称为技术效应。黄建欢等(2014)探讨了金融发展与绿色发展之间的关系,应用省域面板数据研究发现金融支持绿色发展的政策重点可能在于加强资

① 中国共产党第十八届中央委员会第五次全体会议于 2015 年 10 月 26 日至 29 日在北京举行。全会强调,实现"十三五"时期发展目标,破解发展难题,厚植发展优势,必须牢固树立并切实贯彻创新、协调、绿色、开放、共享的发展理念。

金使用监督而不仅是加大资金投入。

目前直接探讨金融发展、高质量增长与绿色发展关系的文献较少,我们从金融发展、能源消费、高质量增长与碳排放等角度进行综述。目前国内学者中把 TFP 因素纳入碳排放考察中的研究较少。张金灿和仲伟周(2015)发现,我国碳排放效率和全要素生产率指数都呈现从东部到中、西部依次递减的格局。陈嘉雯等(2018)的经验研究结果表明,从长期来看,能源消费的不断增加是碳排放增加的主要原因,而全要素生产率的提高对减少碳排放逐渐产生正向影响;从短期来看,生产率的变化对碳排放的影响微乎其微。一些学者从全要素碳排放的角度进行了研究,如张伟等(2013)等在全要素生产率的框架下考虑全要素碳减排效率,并以 1995—2010 年全国 30 个省区的面板数据进行研究,发现能源使用和碳排放的技术因素对碳减排效率和碳减排效率的变化率有较强的正影响。

金融是现代经济的核心。改革开放以来,金融发展在推动我国经济增长、实现跨越式发展方面发挥了积极作用。但是在新时代、新常态条件下,金融发展本身也面临着自身转型升级的挑战,面临由规模扩张到结构优化的转变。

那么,金融发展、能源消费和绿色发展之间有什么内在关联呢?从理论上看,金融发展,包括金融规模扩张和金融结构优化与能源消费和绿色发展之间相互关联的逻辑基础是什么?它们之间是通过什么机制相互影响的呢?是否有现实的证据能够支撑这些可能的相互关系和影响机制?这些都是本章试图考虑的问题。

综上所述,以往有关金融发展、能源消费与绿色发展的研究中,存在以下一些欠缺:第一,忽视了对金融发展、能源消费与绿色发展三者之间整体关系的一般性讨论;第二,在研究金融发展与能源消费和绿色发展的关系时,不重视金融发展内部的结构性因素;第三,对金融结构优化如何通过影响能源消费发挥减排效应的机制缺乏研究。而本章的研究就是对以上这些不足的探索性改进。

　　本章的研究贡献主要体现在以下几个方面：一是构建了一般性理论框架，梳理了金融发展与绿色发展之间的关系；二是通过采用面板固定效应模型，从经验研究的角度，初步探讨了金融结构的优化与绿色发展之间可能的动态关系；三是依据理论研究和经验研究，对通过金融发展，尤其是优化金融结构来促进绿色发展提出政策建议。

第二节 研究设计

我们首先从经验事实出发,考察 G20 经济体金融发展与绿色发展(碳排放)的关系。绿色发展的概念可以追溯到 20 世纪 60 年代美国学者博尔丁(Boulding)、戴利(Daly)、皮尔斯(Pierce)等人有关宇宙飞船理论、稳态经济、绿色经济、生态经济的一系列论述(中国科学院可持续发展研究组,2010)。由于绿色发展的指标体系十分复杂,比如经济合作与发展组织(Organization for Economic Co-operation and Development,OECD)构建了一套完整的涵盖经济、环境和人类福祉等方面的绿色增长指标体系;联合国环境规划署(United Nations Environment Programme,UNEP)的UNEP 绿色经济衡量框架主要涵盖经济转型、资源效率、社会进步和人类福祉等方面的内容;刘明广(2017)从绿色生产、绿色生活、绿色环境和绿色新政四个分类维度,从数据可得性和可比性角度采用人均碳排放量指标来测度。

从人均碳排放量的比较来看,截至 2014 年,沙特最高,其次是美国,但美国人均碳排放量已经从高点的 22.5 吨减少到 16.5 吨左右,下降幅度约为 25%。人均碳排放量最少的是印度和印尼,2014 年底数值均在 2吨以内。中国的人均碳排放量水平处在中游水平,约为 7.5 吨左右。从动态比较来看,从 1971 年到 2014 年,中国人均碳排放量从 1.0 吨增加到7.5 吨,尤其是自 2001 年以后,我国人均碳排放量呈现加速上涨的趋势,但这种上升趋势在 2011 年以后显著放缓。而英国人均碳排放量从 11.8吨下降为 6.5 吨,降幅约为 45%,如图 7-1 所示。

从经验特征来看,G20 国家人均二氧化碳排放量呈现出两个特征:一是发达经济体的人均碳排放水平整体上要高于新兴经济体;二是部分发达经济体的人均碳排放量出现了下降趋势,与新兴经济体的差距正在缩小。

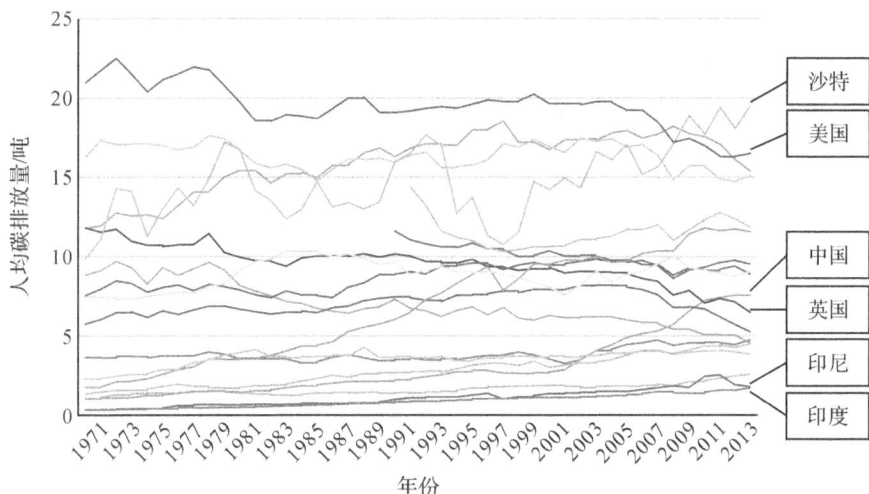

图 7-1　1971—2013 年 G20 成员人均二氧化碳排放量

数据来源:世界银行。

本章的研究内容与上一章密切关联。在上一章,我们讨论了金融结构与 TFP 的关系,本章我们将主要探讨金融结构与绿色发展(人均碳排放)的关系。结合图 6-1 和图 7-1,我们可以得出两个基本事实:第一,从静态角度看,TFP 与人均碳排放之间存在正相关性,即较高的 TFP 大致对应于较高的人均碳排放量。第二,从动态角度看,或者考虑样本区间的异质性,发达经济体的 TFP 与人均碳排放之间存在一定的负相关性。因此,在考察金融结构与绿色发展的关系时,在一定程度上与金融结构对 TFP 的影响存在关联。

根据本章的核心研究主题,主要从金融规模和金融结构两个层面考虑金融发展对人均碳排放的影响。综合来看,金融发展影响绿色发展的内在机制如图 7-2 所示：一方面，金融发展包括金融扩张和金融结构优化，会促进经济增长，而经济增长会提高 TFP(Madsen,2007;Evers,Niemann,Schiffbauer,2009)，可能会有助于减少碳排放(这是上一章讨论的主题，详见图 7-2 矩形虚线框)；另一方面，金融发展又会增加对能源消费的需求(Sadorsky,2011)，从而增加人均碳排放。在理想状态下，金融发展，尤其是金融结构优化，在兼顾经济增长的条件下，能通过技术进步机制减少人均碳排放(详见图 7-2 椭圆形虚线框)。但现实中，这种理想状态未必能够达成，因此，金融发展对于人均碳排放的总体影响需要依据实际数据进行检验。

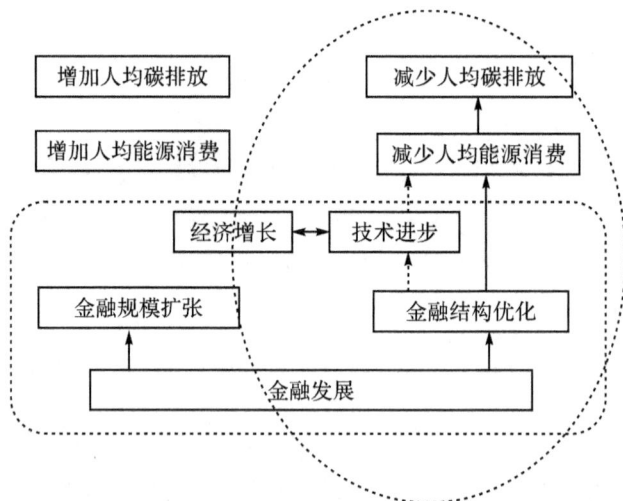

图 7-2　金融发展、能源消费与绿色发展的关系

根据金融发展、能源消费和人均碳排放三者的关联，基于已有研究和本章研究核心内容，我们提出以下研究假设：

假设 1：金融发展影响能源消费。

假设 1a：金融规模扩张影响能源消费。

假设 1b：金融结构优化影响能源消费。

假设 2：金融发展能够减少碳排放。

假设 2a:金融规模扩张能够减少碳排放。

假设 2b:金融结构优化能够减少碳排放。

假设 3:金融发展通过影响能源消费作用于绿色发展。

我们的基准方程是

$$\ln EM_{i,t} = \beta_0 + \beta_1 FD_{i,t} + \lambda_i X_{i,t} + \rho_i + \mu_t + \varepsilon_{i,t} \tag{7-1}$$

$$\ln EC_{i,t} = \beta_0 + \beta_1 FD_{i,t} + \lambda_i X_{i,t} + \rho_i + \mu_t + \varepsilon_{i,t} \tag{7-2}$$

式中,EM 是人均碳排放量;EC 是人均能源消费;FD 是金融发展;X 是控制变量;ρ 是个体效应;μ 是时间效应;ε 为随机误差项。

如果考虑金融结构(FS)因素,则有

$$\ln EM_{i,t} = \beta_0 + \beta_1 FD_{i,t} + \beta_2 FS_{i,t} + \lambda_i X_{i,t} + \rho_i + \mu_t + \varepsilon_{i,t} \tag{7-3}$$

$$\ln EC_{i,t} = \beta_0 + \beta_1 FD_{i,t} + \beta_2 FS_{i,t} + \lambda_i X_{i,t} + \rho_i + \mu_t + \varepsilon_{i,t} \tag{7-4}$$

如果把经济增长作为金融发展和金融结构优化引起技术进步的中介变量,则有

$$\ln EM_{i,t} = \beta_0 + \ln EC_{i,t} + \beta_1 FD_{i,t} + \beta_2 FS_{i,t} + \lambda_i X_{i,t} + \rho_i + \mu_t + \varepsilon_{i,t} \tag{7-5}$$

以 1971 年 G20 成员[①]年度数据为样本。人均碳排放、人均能源消费、人均 GDP 数据来自世界银行数据库;金融发展数据,包括对私信贷、股市市值来自 Wind 数据库;TFP 数据来自 Penn World Table 9.0。[②] 主要变量的描述性统计如表 7-1 所示。

[①]　G20 成员包括中国、阿根廷、澳大利亚、巴西、加拿大、法国、德国、印度、印度尼西亚、意大利、日本、韩国、墨西哥、沙特阿拉伯、南非、土耳其、英国、美国、俄罗斯以及欧盟。

[②]　该数据库中关于世界各国的 TFP 有四种序列,在基准回归时采用的是基于各国不变价格计算的福利相关 TFP[Welfare-relevant TFP at constant national prices(2011＝1)]。在稳健性建议时也尝试替换为其他 TFP 指标。

表 7-1　描述性统计

指标	指标解释	指标计算	均值	中位数	最大值	最小值	标准差	样本量
EM	绿色发展	对数人均碳排放量	1.87	2.06	3.09	0.32	0.81	795
TFP	高质量增长	全要素生产率	7.86	8.01	9.04	5.85	0.77	817
EG	经济增长	对数人均 GDP	9.04	9.16	11.12	5.70	1.25	817
FA	金融规模	（股市市值＋对私信贷）/GDP	134.48	117.65	696.76	11.80	91.83	801
FS	金融结构	股市市值/对私信贷	83.43	68.33	896.42	0.04	70.88	627
EC	能源消费	对数人均能源消费	0.91	0.93	1.96	0.25	0.21	817

第三节　经验研究

一、基准回归

接下来我们考察金融发展,尤其是金融结构影响人均碳排放和 TFP 的内在机制。

首先,我们用散点图观察经验事实(见图 7-3)。在样本区间,G20 成员的金融规模(FD)、直接融资占比(FS)与人均碳排放量之间呈正相关关系,但是从散点图来看,这种相关性并不显著,如图 7-3 所示。但是,正如上文所述,G20 成员在经济发展阶段存在多元性,金融发展与绿色发展之间的关系有较大可能呈现异质性。

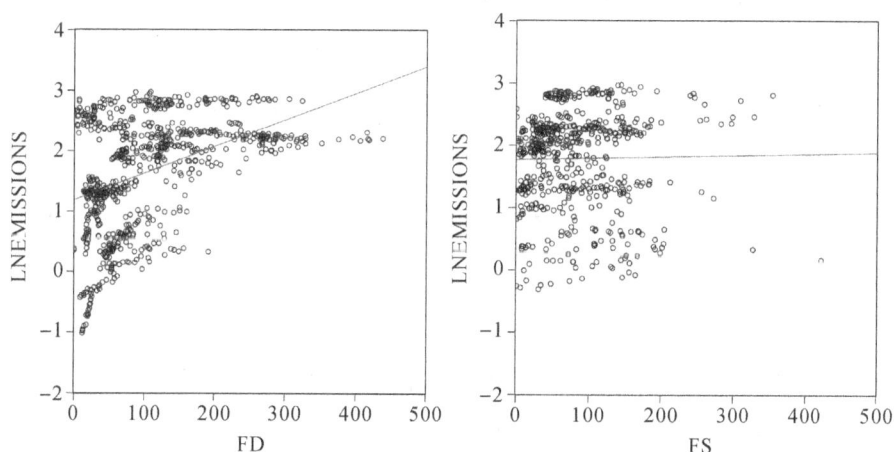

图 7-3　G20 成员金融发展与人均碳排放关系散点图

从典型的发达经济体（G7 成员）来看，比如法国和德国，直接融资占比的提升，与人均碳排放之间呈负相关关系，如图 7-4 所示。

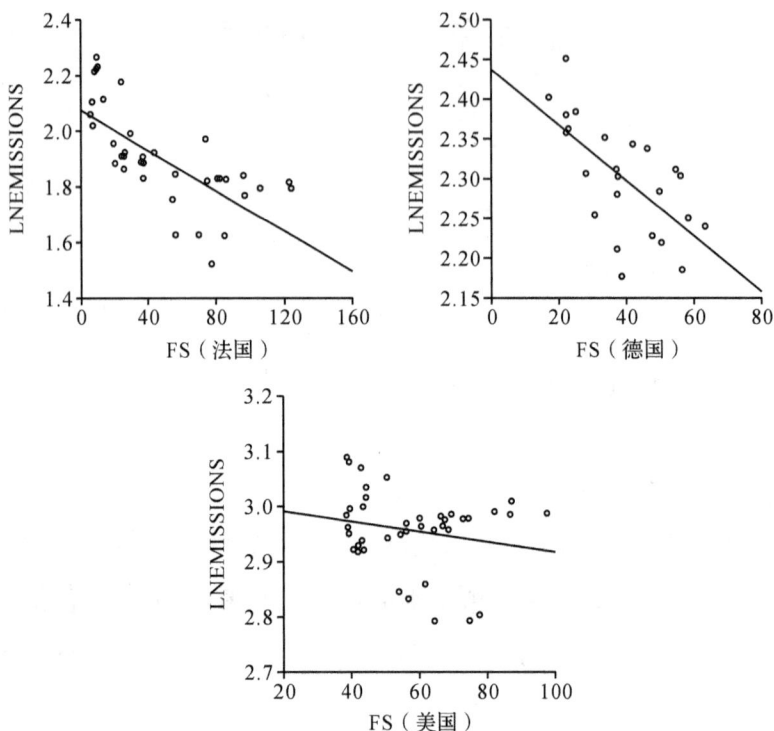

图 7-4　典型发达经济体（G7 成员）的金融结构与人均碳排放的关系

其次，参照中介变量检验的基准步骤（温忠麟，等，2004），分别检验了金融发展对绿色发展和高质量增长的影响。具体考察两个维度：一是金融发展规模是否能够通过影响能源消费进而减少碳排放，实现绿色发展；二是金融结构优化是否能够通过影响能源消费进而减少碳排放，实现绿色发展。

结果表明，对 G20 全样本而言，金融规模的扩张以及金融结构的调整，都能够通过影响能源消费来影响碳排放。具体来看，模型（1）—模型（3）检验了金融规模影响碳排放的机制，模型（4）—模型（6）检验了金融结构影响碳排放的机制。其中，模型（3）中金融规模变量不显著，表明人均能源消费是金融规模与碳排放之间的部分中介变量;而模型(6)中金融结构变量在5%的水平上显著,说明能源消费发挥了金融结构与碳排放之间完全中介变量的作用,如表7-2所示。

表7-2 金融发展影响碳排放机制检验

变量		模型(1)	模型(2)	模型(3)	模型(4)	模型(5)	模型(6)
被解释变量		碳排放	能源消费	碳排放	碳排放	能源消费	碳排放
解释变量	能源消费			0.8073*** (0.0264)			0.9773*** (0.0235)
	金融规模	0.0005** (0.0002)	0.0002*** (0.0002)	0.0002 (0.0001)			
	金融结构				0.0005*** (0.0001)	0.0004*** (0.0001)	0.0002** (0.0001)
	常数项	1.7927*** (0.0251)	7.7646*** (0.0235)	4.4706*** (0.2054)	1.8261*** (0.0137)	7.8433 (0.0121)	5.8262*** (0.1844)
	个体固定效应	是	是	是	是	是	是
	年份固定效应	是	是	是	是	是	是
	调整后的 R^2	0.9373	0.9330	0.9728	0.9554	0.9595	0.9892
	样本数量	780	780	780	627	627	611

注:***、**、*分别表示在1%、5%和10%水平上显著。括号内值为标准误。

综上所述,中介变量检验结果表明,存在"金融发展→能源消费→碳排放"的机制。能源消费是金融发展规模与碳排放的部分中介变量,是金融结构与碳排放的完全中介变量。总体上,金融规模的扩张和直接融资占比的提升都带来了人均碳排放的增加。

与金融规模变量相比,采用金融结构变量以后,有以下几个变化:一是能源消费对人均碳排放影响的系数变大;二是金融结构对人均碳排放的影响由不显著变为在5%显著性水平上显著。从拟合效果看,调整后的 R^2 变大,拟合效果有所改进。从以上探索性检验中,我们看到金融结构与金融规模对于高质量增长和绿色发展的解释力有较大差异。

二、异质性检验

下面我们进一步对样本进行检验异质性。首先考虑金融发展对绿色发展的影响。从区分发达经济体(G7)和新兴经济体(BRICS)的角度看,在金融规模对人均碳排放的影响上并没有显著差异[见模型(7)—模型(8)],而在金融结构的优化方面,G7起到了显著的减排作用(模型9),而新兴经济体的这种效应系数为正,但统计上并不显著(模型10),如表7-3所示。

表7-3　金融发展与绿色发展关系的异质性检验(被解释变量:人均碳排放量)

变量		模型(7)	模型(8)	模型(9)	模型(10)
样本		G7	BRICS	G7	BRICS
解释变量	能源消费	0.7454*** (0.0933)	0.0038*** (0.0001)	0.7570*** (0.0853)	0.0036*** (0.0002)
	金融规模	0.0002 (0.0002)	0.0001 (0.0005)		
	金融结构			−0.0011*** (0.0003)	0.0001 (0.0002)
	常数项	−3.9380*** (0.7976)	−1.6676*** (0.1974)	−3.9525*** (0.7102)	−1.5278*** (0.3159)
	个体固定效应	是	是	是	是
	年份固定效应	是	是	是	是
	调整后的 R^2	0.9505	0.9940	0.9591	0.9941
	样本数量	288	191	256	139

注:***、**、*分别表示在1%、5%和10%水平上显著。括号内值为标准误。

下面我们考察不同时间样本区间的情况。在1997年亚洲金融危机之前,新兴经济体金融规模与碳排放之间呈正相关[见模型(11)],金融结构与碳排放之间呈负相关[见模型(13)],但两者都在10%的水平上不显著。这种情况在1998年以后有所变化,金融规模的扩张与碳排放在1%

的水平上正相关[见模型(12)],金融结构与碳排放之间呈正相关但在10％的水平上不显著[见模型(14)]。总体上说,在1998年亚洲金融危机之后,新兴经济体金融规模与人均碳排放量都呈现快速增长态势。总体上说,对于新兴经济体而言,金融结构优化对于减少碳排放的积极作用似乎并没有体现,甚至在亚洲金融危机以后反而有所恶化,如表7-4所示。

表7-4 金融发展与绿色发展(不同样本区间,被解释变量:人均碳排放量)

	变量	模型(11)	模型(12)	模型(13)	模型(14)
	被解释变量	人均碳排放	人均碳排放	人均碳排放	人均碳排放
	区间	1971—1997年	1998—2014年	1971—1997年	1998—2014年
	样本	BRICS	BRICS	BRICS	BRICS
解释变量	金融规模	0.0003 (0.0016)	0.0048*** (0.0016)		
	金融结构			−0.0001 (0.0001)	0.0032 (0.0418)
	个体固定效应	是	是	是	是
	年份固定效应	是	是	是	是

注:***、**、* 分别表示在1％、5％和10％水平上显著。括号内值为标准误。

三、稳健性检验

稳健性检验主要从以下几个方面展开:①替换变量。包括用对私人信贷、国内信贷、股票市场等指标来测度金融发展;用Penn World Table 9.0其余全要素生产率指标测度高质量增长。②成员分组替换,用G20中11个新兴经济体替代BRICS。③时间分组替换,把1998年的时间间隔替换成2001年[①],结果也是稳健的。

---

① 之所以选择2001年,出于两点考虑:一是BRICS的概念最早在2001年被提出;二是2001年中国正式加入WTO。

本章小结

本章考察了金融结构对绿色发展的影响。通过构建分析金融结构与绿色发展的关系一般理论框架,并应用 G20 经济体数据进行了经验研究,结果表明,金融结构优化可以发挥减排作用。具体来看,人均能源消费是金融规模与碳排放之间的部分中介变量,能源消费发挥了金融结构与碳排放之间完全中介变量的作用。

影响机制的异质性检验表明,发达经济体金融结构的优化有显著的减排作用;而新兴经济体这种效应并不存在,而且在 1997 年亚洲金融危机之后,这种情况反而有所恶化。因此,本章的经验研究结果可能表明,优化金融结构不能只优化工具结构,还需要制度结构和功能结构的配合,形成立体化金融结构优化,推动绿色发展和高质量发展。

第八章　金融结构与科技金融

第一节　引　言

优化金融结构可以通过促进金融内部的科技金融发展来推动高质量发展。在这一机制下,主要通过优化金融结构,在创新发展理念指导下,充分实现资源配置和风险管理功能,发展科技金融,提升在创新和技术进步中的风险管理能力,进而实现高质量发展。

以科技为支持的数字普惠金融在减少贫困和实现包容性经济增长方面发挥着重要的促进作用,越来越多的人开始关注数字普惠金融政策和措施。数字普惠金融问题本质上是技术和金融共同支持发展问题,是对传统普惠金融的拓展,突出贡献在于提高资源配置效率和增进社会公平。

党的十八届三中全会提出了"普惠金融"的概念,指在成本可负担的前提下,将金融服务扩展到欠发达地区和低收入人群,不断提高金融服务的可获得性。在过去,有很多方面是很难实现的。而现在,依托大数据、云计算等技术手段,成本、效率等发生了翻天覆地的改变。每个人有同等的权利获得金融服务,(移动)互联网金融应该说为普惠金融奠定了技术的支撑。本章以国际比较的研究视角切入,着重从技术支持角度探讨实施普惠金融的可能路径,评价其效果,并以浙江省为例,总结在实施普惠金融方面的实践和经验,为可持续发展提供政策建议。

本章的创新体现在三个方面:第一,通过大量的国际数据比较,初步构建了基于移动互联网技术的全球普惠金融发展的全景图;第二,通过实证研究,尤其是从影响数字普惠金融因素的视角,详细剖析了目前国内技术支持普惠金融的可能路径和机制。第三,以浙江省为例,从科技金融与普惠金融相互依存、融合共生的角度,提供了普惠金融与技术支持的一个比较典型的例证。因此,本章的研究初步构建起了"国际经验→中国路线→浙江案例"的总体研究框架。

技术支持与普惠金融之间有什么关系?可能通过哪些渠道进行连接?由于数据的可得性和普惠金融指标构建存在不同看法,目前对基于技术视角的普惠金融影响因素的实证研究仍然不多,对普惠金融发展与技术支持之间关系的实证研究更属凤毛麟角。下面我们就从普惠金融发展指数、数字普惠金融及其影响因素展开详细论述。

一、普惠金融指数

根据 2003 年 12 月联合国提出的广义普惠金融概念,普惠金融应包括储蓄、信贷、保险等更广泛意义的金融服务及新兴的互联网金融领域。Beck 等(2000),Sarma(2008),Gupte 等(2012),Ambarkhane 等(2016)等设计了各类指标体系,包括渗透度、使用度、效用度等。董晓林和徐虹(2012)用县域金融机构网点分布情况来反映农村金融普惠程度;张国俊等(2014)则以渗透度、使用度、效用度和承受度四维度指标来反映普惠金融度。王婧和胡国晖(2013)依据 2002—2011 年中国银行业数据,在运用变异系数法确定权重的基础上构建普惠金融指数,对中国普惠金融的发展状况进行了综合评价。中国人民银行西宁中心支行课题组(2017)选取全国 29 个省份和青海省 7 个市(州)的部分普惠金融发展指标,构建了使用情况、可得性、质量三个层次相互融合的普惠金融发展指数,结果表明,全国 29 个测算省和青海省 7 个市(州)之间的普惠金融发展差距正在逐步缩小,金融普及的成效非常明显,但普惠金融发展的内生动力需要进一步提升。

二、普惠金融发展的影响因素

王婧和胡国晖(2013)通过构建影响因素模型,实证检验四类因素对中国普惠金融发展的影响。研究表明,现阶段中国普惠金融的发展以现有金融机构在从业人员和机构网点方面的扩张为主导,但不可忽视存、贷款占比提高的同步性。陆凤芝等(2017)从金融服务的渗透性、使用性、效用性、承受性四个维度构建普惠金融发展评价模型,基于熵值法测算 2005—2014 年中国省域普惠金融的发展水平,结果显示普惠金融与地区经济之间呈"U"形关系;前期的普惠金融水平、人口城市化率等因素对中国普惠金融发展具有显著且稳健的正向影响,地方政府支出占比不能促进普惠金融的发展。方蕾和粟芳(2017)基于上海财经大学 2015 年"千村调查"的微观数据,运用空间计量模型和信息熵法来衡量我国农村地区普惠金融发展程度,研究发现农村普惠金融发展存在明显的空间传染效应,经济发展水平、科学技术和快递点均会影响我国农村地区的普惠金融发展。

从区域看,各地的影响因素又有所差异。张宇和赵敏(2017)从农村金融机构的设置比例和市场份额、农村金融服务的覆盖率和使用情况 4

个维度,对西部 6 个省份 2009—2014 年的农村普惠金融发展水平进行了测度,揭示交通便利程度、信息技术水平、政府扶持力度和第一产业发展水平对西部六省农村普惠金融发展整体水平有重要影响。姚林华(2016)利用 2011—2014 年滇黔桂石漠化片区 50 个贫困县的数据进行了实证分析,研究表明,在人口类指标中,城镇化率和教育水平指标的影响较为显著;在经济类指标中,人均地区生产总值、人均财政支出、人均固定资产投资和人均收入水平的影响较为显著;在金融基础设施类指标中,支付环境指标和信用环境指标的影响较为显著。

崔治文等(2016)以甘肃省 14 个市(州)2007—2014 年的面板数据为样本,构建普惠金融发展指数(IFI),对甘肃省普惠金融发展状况进行了综合分析,研究表明,全省普惠金融发展水平较低,各市(州)发展水平差异明显;各地区存款资源运用水平、交通便利程度、城市化率滞后期水平对甘肃省普惠金融区域性发展具有正效应,而农业发展水平和农村居民收入水平对其发展具有负效应。孙欣媛(2017)以天津为例进行了实证研究,发现城乡收入差距、存贷款情况和股票交易情况和普惠金融的发展有显著的联系。张兵和张洋(2017)选取 2009—2014 年江苏省 44 个县域为研究样本,结果表明,江苏省 44 个县域普惠金融的发展水平存在显著差异,苏南县域地区金融普惠水平较高,多数苏中和苏北县域地区金融普惠水平较低,且地理位置相近的县域具有相似的普惠金融发展水平;影响县域普惠金融水平的主要因素有经济发展水平、互联网普及率、教育普及程度和道路密度。张珩等(2017)基于 2008—2014 年陕西省 107 家农村信用社全机构调查数据,分析发现,中间业务交易金额与当地生产总值之比、农户拥有农村信用社银行卡数量、存款加权利率水平和贷款加权利率水平是评价农村普惠金融发展水平最重要的 4 个指标;投资环境、产业结构、竞争环境、政府财政支出、城乡收入差距对农村信用社普惠金融服务总体水平有显著影响。

三、数字普惠金融及其影响因素

宋晓玲（2017）实证分析了数字普惠金融对城乡收入差距的影响,研究表明,数字普惠金融的发展能够显著缩小城乡居民收入差距;在控制变量中,城市化水平、对外开放程度、财政支出等因素对城乡收入差距的影响也很显著。余剑科（2017）对 334 份有效样本数据进行了实证研究,在技术接受模型的基础上,引入感知理论,同时增加了趣味性、外部影响、个人创新性等影响因素,最终构建了影响研究对象使用移动支付意愿的理论模型,并通过逐步回归分析得出影响移动支付使用意愿的主要因素。兰王盛和邓舒仁（2016）研究了数字普惠金融欺诈的表现形式,认为其存在利用网络平台快速吸收公众资金,承诺高收益吸引全国投资,客户资金直接进入个人或公司账户自用,风险波及范围广易引发区域金融风险等特点。

综上所述,已有研究对数字普惠金融的影响以及普惠金融与技术支持之间的关系有所涉及,但是仍然缺乏实证研究。本部分就以此为切入点,具体分析数字普惠金融的影响因素和渠道,探讨普惠金融与技术支持的关系。

第二节　研究设计

一、异军突起的非洲案例

从国际上看,在移动互联网支持普惠金融发展领域,非洲的经验值得借鉴。移动支付在肯尼亚的成功应用得益于它独特的操作模式,优点包括方便快捷、安全有效、受益面广、成本低廉、与国际接轨等(姚晓霞,吴淼,2015)。

例如,在非洲实践最成功的手机银行业务为肯尼亚移动运营商 Safaricom 在 2007 年推出的"M-Pesa"业务,运营商将金融应用集成到客户的手机 SIM 卡中,客户即可在各代理商网点实名注册账号并将现金转换为电子货币,通过发送文本消息和代码就可以实现转账汇款、账户查询、消费支付、代理点存取现及集团客户工资代发等多种金融服务。由于"M-Pesa"方便快捷,在肯尼亚得到快速发展,2013 年底客户已达 1710 万户,占全国人口的 40.91%(姚晓霞,吴淼,2015)。

非洲基于移动互联网的普惠金融迅猛发展,成为近年来在普惠金融领域的一个经典案例。那么,我们的疑问是,如果放在全球比较的视野中,这种数字普惠金融领域的异军突起是否有其内在逻辑和内生性动因?

二、基本事实：两个不相关

由于移动互联网普惠金融发展的时间较短，考虑到数据的可得性，我们尽最大可能收集和比较了 2015 年 40 个国家传统普惠金融、数字普惠金融和经济发展状况的总体情况，详见表 8-1。

表 8-1　2015 年部分国家普惠金融发展情况

国家	每千人移动金融活跃账户数/户	每千人移动金融活跃账户数排名	每千人商业银行借款人数/人	每千人商业银行借款人数排名	人均 GDP /美元	人均 GDP 排名
阿富汗	1	28	3	28	615.09	175
阿尔巴尼亚	65	13	147	9	3946.00	111
亚美尼亚	6	24			3520.95	119
奥地利	16	20			3520.95	119
孟加拉国	113	10	74	14	1291.97	154
博茨瓦纳	464	5	238	4	6771.27	81
柬埔寨	14	21			6059.60	89
乍得	0	30	10	26	942.48	162
多米尼加			178	8	7311.65	79
埃及			102	12	3709.65	117
斐济	63	14			4926.40	98
加纳	290	9	48	15	1401.73	149
危地马拉			142	10	3921.87	113
几内亚	6	25	11	25	555.05	180
圭亚那	5	26			4124.94	107
印度尼西亚			420	1	3362.36	121
肯尼亚	1183	1	231	6	1434.36	146
马达加斯加	39	18	31	19	402.07	186

续　表

国家	每千人移动金融活跃账户数/户	每千人移动金融活跃账户数排名	每千人商业银行借款人数/人	每千人商业银行借款人数排名	人均 GDP /美元	人均 GDP 排名
马来西亚	7	23	390	2	9500.52	65
蒙古					3946.25	110
缅甸	0	29	3	27	1212.77	156
纳米比亚	415	6	236	5	5041.11	96
尼日利亚			30	20	747.79	169
巴基斯坦	51	17	22	24	1427.56	147
巴布亚新几内亚	72	12			2744.83	130
菲律宾	94	11			2862.90	127
卡塔尔	55	16	262	3	68940.04	5
卢旺达	369	7	35	16	717.74	171
萨摩亚	293	8	109	11	4340.92	103
塞舌尔			213	7	14776.14	52
所罗门群岛	55	15	28	21	1950.06	140
南非	9	22			5726.88	93
苏丹	2	27			2119.00	135
瑞士			93	13	80602.69	2
坦桑尼亚	649	3	27	22	957.11	161
汤加	797	2			4110.37	108
乌干达			25	23	609.48	177
越南					2088.34	137
赞比亚	29	19	33	18	1351.63	150
津巴布韦	522	4	35	17	1002.46	160

数据来源：根据 CGAP 和 IMF 数据整理。其中每千人移动金融活跃账户数排名和每千人商业银行借款人数排名按照有数据的国家进行排名，人均 GDP 的排名为 IMF《世界经济展望报告》(2015 年)中 189 个国家和地区的总排名。

从样本数据来看，我们提出"两个不相关"假说。

一是传统普惠金融与数字普惠金融并不必然相关。图 8-1、图 8-2 的散点图显示了 2015 年以及 2004—2015 年累积的传统普惠金融（每千人商业银行借款人数）与数字普惠金融（每千人移动金融活跃账户数）的关系，没有直观地显示出任何有意义的相关性。

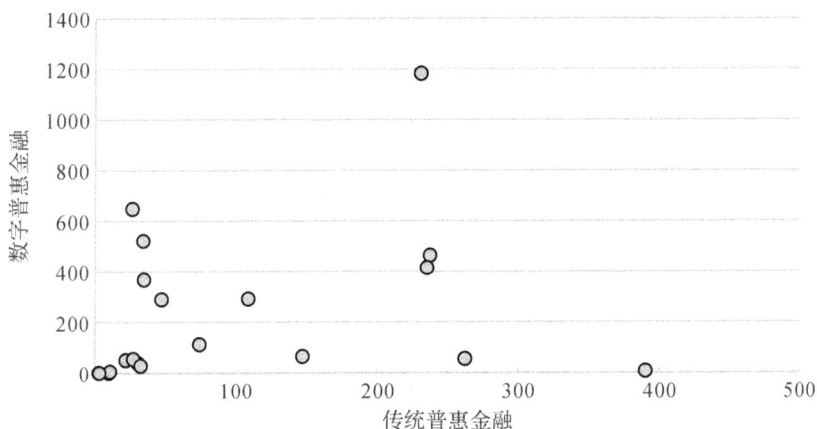

图 8-1　数字普惠金融与传统普惠金融相关性（2015 年）

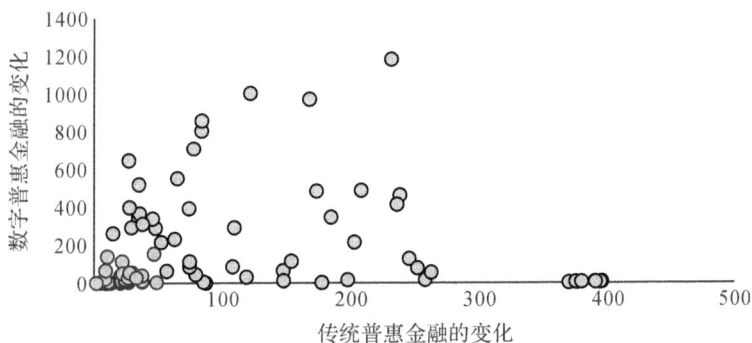

图 8-2　数字普惠金融与传统普惠金融相关性（2004—2015 年）

二是数字普惠金融与经济发展水平并不必然相关。图 8-3 表明，数字普惠金融与经济发展水平相关度很低，尤其是当人均 GDP 在［1000，10000］区间内，数字普惠金融发展程度差异极大。

与之相应，传统普惠金融与经济发展呈正相关关系，且相关性较高，如图 8-4 所示。数字普惠金融内部，移动金融活跃账户数排名与移动金融交易额占 GDP 比例排名相关性也较高，如图 8-5 所示。

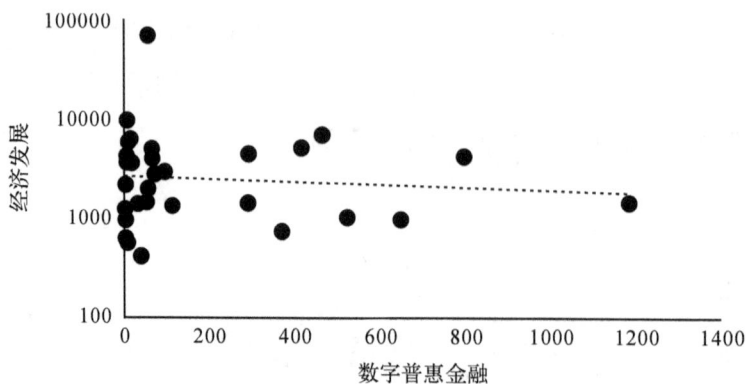

图 8-3　经济发展与数字普惠金融相关性(2004—2015 年)

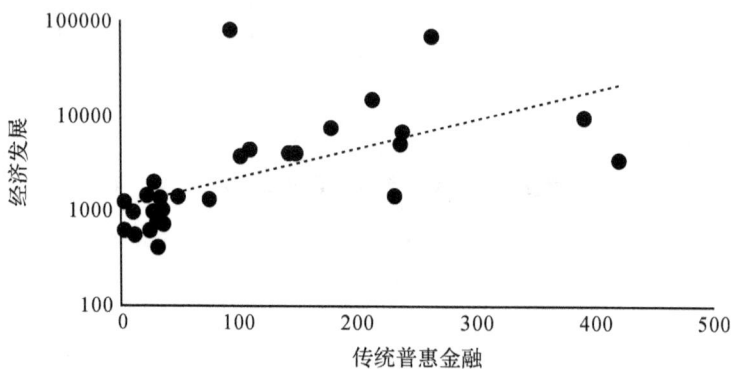

图 8-4　经济发展与传统普惠金融相关性(2015 年)

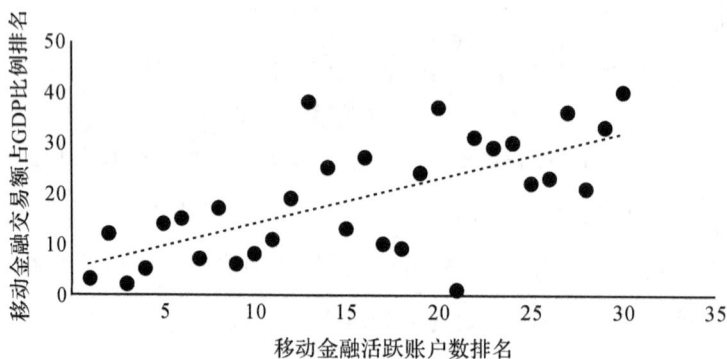

图 8-5　移动金融交易额占 GDP 比例排名与移动金融活跃账户数排名相关性(2015 年)

三、实现"弯道超车"的经济原理

从国际比较来看,基本结论是传统普惠金融发展情况与一国的总体经济发展情况相关度较高,但以移动互联网技术为代表的数字普惠金融发展则与一国经济发展、传统普惠金融发展的相关度并不高。这为理论上实现"弯道超车"提供了现实基础,非洲的案例也从一定程度印证了这个假说。

从一般经济学理论上说,这种内在机制可以简单地理解为"后发优势"或者"追赶效应"。但是,数字普惠金融发展的内在机制又是什么?能否真正实现促进公平正义的目标?这些问题仍然有待深入研究。下面就以我国为例,从分析数字普惠金融的影响因素开始,探讨背后可能的运作机理。

第三节　经验研究

数字普惠金融泛指一切通过使用数字金融服务以促进普惠金融发展的行为，涵盖各类金融产品和服务（如支付、转账、储蓄、信贷、保险、证券、财务规划和银行对账单服务等），通过数字化或电子化技术进行交易，如电子货币（通过线上或者移动电话发起）、支付卡和常规银行账户。数字技术的发展、科技与金融的融合，为普惠金融的实现奠定了坚实的基础。

随着各种数字普惠金融商业模式的创新和发展，在传统金融模式下无法解决的信息不对称、风险大、成本高等种种难题，已经有了全新的解决方案。随着数字普惠金融的兴起，如何平衡创新与风险的问题应运而生。数字普惠金融发展现状如何？其影响因素主要有哪些？我们将在这部分对这些问题进行实证研究。

一、模型构建与数据说明

已有较多的文献探讨如何构建普惠金融指标，如陆凤芝等（2017）从金融服务的渗透性、使用性、效用性、承受性四个维度构建普惠金融发展评价模型。与传统普惠金融指标一样，数字普惠金融指标构建可能仍然存在较大的主观性。2016 年 7 月，北京大学互联网金融研究中心发布了《北京大学数字普惠金融指数（2011—2015 年）》（以下简称北大指数），对中国数字普惠金融指数进行了全面、完整的构建和阐释,为这方面的研究提供了较权威的数据依据。

北大指数设计指标体系的思路是:在现有文献和国际组织提出的传统普惠金融指标基础上,综合传统金融服务和互联网金融服务新形势特征,结合数据的可得性和可靠性,从互联网金融服务的覆盖广度、使用深度和数字支持服务三个维度来构建指标体系,一共包含 24 个指标,以期能更客观、全面地反映数字普惠金融的实际发展状况。

综合已有文献,结合普惠金融的影响因素,我们认为数字普惠金融的影响因素包括三大方面:经济基础、金融发展和科教支持。因此我们构建计量模型为

$$\mathrm{DIF} = \alpha + \beta_1 \mathrm{ED}_i + \beta_2 \mathrm{FD}_j + \beta_3 \mathrm{TE}_m + \mu \qquad (8\text{-}1)$$

式中,DIF 表数字普惠金融指数;ED 表经济基础;FD 表金融发展;TE 表科技支持。

经济基础又可以细分为经济发展水平和经济发展差异这两个方面。多数实证研究支持经济发展水平与普惠金融发展呈正相关,经济发展差异与普惠金融发展呈负相关。我们预期这些因素在数字普惠金融领域也有类似影响。

金融发展又可以细分为金融规模和金融结构。对于普惠金融发展而言,由于对技术的依赖性更强而对金融的依赖性较弱,因此,我们假定金融发展对数字普惠金融的影响可能相对较弱。

在科教支持方面,我们则从互联网基础设施、移动互联网基础、教育水平等角度展开分析,认为这些基础设施的建设对于数字普惠金融发展具有正面影响。各个指标的基本情况,如表 8-2 所示。

表 8-2　各变量基本情况

一级指标	二级指标	具体指标	指标代码	预期符号
因变量	数字普惠金融	数字普惠金融指数	DIF	
经济基础	经济发展水平	人均 GDP	GDPPC	＋
	经济发展差异	城乡收入比	RINCOME	－
		城乡消费比	RCONSUME	－
金融发展	金融规模	存款余额	FAOUNT	＋
		原保险保费收入	FINSURANCE	＋
	金融结构	保费/存款	FSURCTURE	＋
科教支持	互联网基础设施	互联网固定资产投资	IINVESTMENT	＋
		开通互联网宽带业务村比重	IWLAN	＋
		互联网宽带接入端口	ICONNECTOR	＋
	移动互联网基础	每百户拥有移动电话数	MOBILE	＋
	教育水平	每 10 万人初中以上在校人数	SPHC	＋

我们的数据范围是 2011—2015 年 31 个省(区、市)的面板数据,其中人均 GDP、城乡收入比、城乡消费比、互联网固定资产投资、开通互联网宽带业务村比重、互联网宽带接入端口、每百户拥有移动电话数、每 10 万人初中以上在校人数数据来自 Wind 数据库,存款余额来自历年中国金融统计年鉴,原保险保费收入数据来自中经网数据库。各项指标数据如表 8-3 所示。

表 8-3　各变量描述性统计

变量	平均值	中位值	最大位	最小值	标准差
DIF	136.38	146.24	278.11	16.22	67.71
GDPPC	46701.55	39023.16	107960.10	16413.00	21063.75
RINCOME	2.73	2.66	3.98	1.85	0.46
RCONSUME	2.62	2.53	4.18	1.67	0.51
FAOUNT	33593.08	23062.22	160388.20	1661.24	30108.65
FINSURANCE	558.20	404.84	2166.82	7.60	451.70

续　表

变量	平均值	中位值	最大位	最小值	标准差
FSTRUCTURE	1.68	1.71	3.15	0.41	0.46
IINVESTMENT	13.82	6.25	135.66	0.00	21.77
IWLAN	89.12	98.00	100.00	23.10	17.14
ICONNECTOR	1187.94	911.35	4768.90	26.70	1003.08
MOBILE	212.48	212.91	250.45	178.10	16.98
SPRIMARY	3408.93	3346.59	6145.60	1316.76	973.36
SHIGHSCHOOL	3218.60	3314.85	4865.07	1149.28	732.65
SCOLLEGE	2479.60	2271.43	5612.87	1082.15	853.74
SPHC	9107.13	8985.00	12255.74	6179.23	1190.27

二、计量检验与分析说明

我们通过一些关键指标的散点图来观察它们与数字普惠金融指数的关系。总体来看,数字普惠金融与经济发展水平呈正相关,而与经济发展差异呈负相关,与金融发展的相关性则并不明显,如图 8-6、图 8-7 所示。这与我们的预期基本一致。

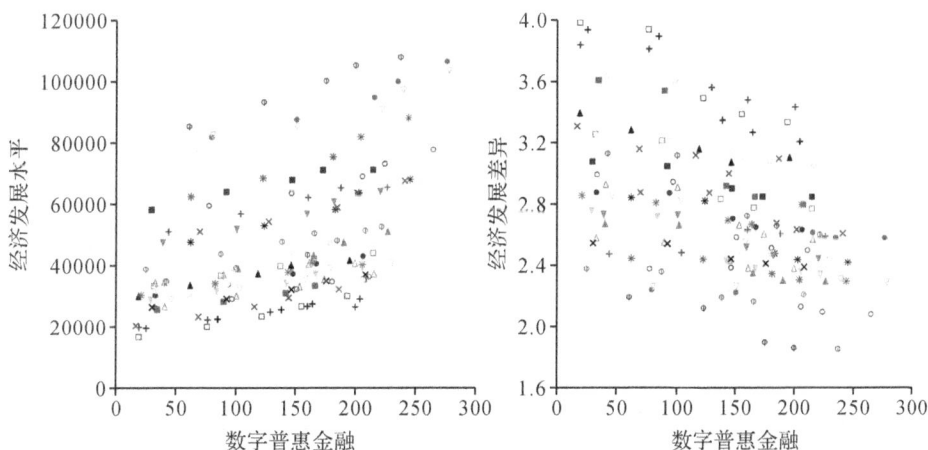

图 8-6　数字普惠金融与经济发展水平(左)、经济发展差异(右)散点图

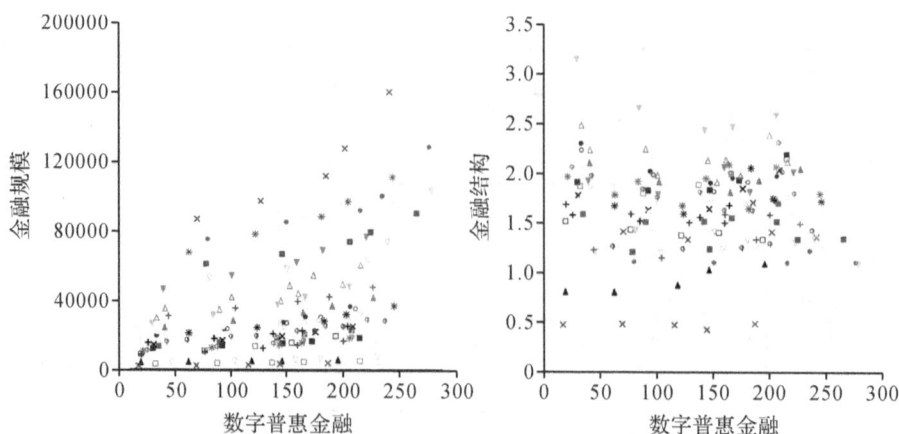

图 8-7　数字普惠金融与金融规模(左)、金融结构(右)散点图

接下来进行经验研究。首先,我们进行模型选择。比较混合模型与个体固定效应模型,应该建立个体固定效应模型,拒绝混合模型。最后,进行 Hausman 检验比较,个体随机效应模型与个体固定效应模型,应该建立个体固定效应模型。

根据逐步回归法除去不显著变量后得到模型(2)和模型(3)。经过综合比较,模型(3)拟合程度较好,所以选择以此为基准模型,如表 8-4 所示。

表 8-4　模型计量分析

变量	模型(1)		模型(2)		模型(3)	
	系数	t 值	系数	t 值	系数	t 值
常数项	−130.984	−1.384	−119.471	−1.618	−107.013	−1.156
GDPPC	0.007	9.623***	0.006	12.716***	0.007	13.448***
RINCOME	−38.061	−2.952***	−37.186	−3.579***	−36.372	−2.923***
RCONSUME	−26.025	−2.360**	−31.657	−3.581***	−28.931	−2.661***
FAOUNT	0.000	0.227				
FINSURANCE	0.002	0.044*	0.018	1.510		
FSTRUCTURE	20.622	1.403			18.384	1.695*
IINVESTMENT	−0.233	−1.765**	0.336	1.602		
IWLAN	0.416	1.679*			0.417	1.725*

续　表

变量	模型（1）		模型（2）		模型（3）	
	系数	t 值	系数	t 值	系数	t 值
ICONNECTOR	0.005	0.683				
MOBILE	1.147	5.502***	1.352	9.868***	1.139	5.948***
SPHC	0.021	4.490***	0.019	5.029***	0.023	4.880***
R^2	0.942		0.949		0.968	
调整后的 R^2	0.920		0.931		0.957	

注：***、**、* 分别表示在 1%、5% 和 10% 水平上显著。

　　从模型（3）来看，在影响数字普惠金融发展的主要因素中，经济发展水平和经济发展差异的影响均十分显著，但影响的机理不同。经济水平发展程度越高，数字普惠金融发展得越好；而城乡差距越大，对数字普惠金融产生的负面作用也越大，这与已有的收入差距与一般普惠金融发展的研究结论一致。相比而言，金融因素的影响力较小，金融规模这一因素对数字普惠金融发展几乎没有影响，且统计上不显著。而金融结构对提高数字普惠金融有所帮助。在基础设施方面，开通互联网宽带业务的行政村比重对数字普惠金融有正面影响，每百户拥有移动电话数影响更为明显。每 10 万人初中以上在校人数越多，则越有利于数字普惠金融发展。

　　为了考察自变量之间可能存在的相互关系，我们引入交叉项，得到模型（4）—模型（7）。从结果来看，经济发展水平与金融结构、金融规模与金融结构、收入差距与金融规模之间的交互作用并没有体现，统计上也并不显著。模型（6）显示，金融与科技结合能够对数字普惠金融产生比较显著的影响。这说明，优化金融结构，积极发展科技金融能够有效地推动数字普惠金融发展，如表 8-5 所示。

　　为了检验模型的稳健性，我们又采用了贷款余额、每 10 万人中在校大学生占比等指标进行检验，模型的系数和显著性基本保持一致，模型的稳健性较好。

表 8-5　模型计量分析

变量	模型(4)		模型(5)		模型(6)		模型(7)	
	系数	t值	系数	t值	系数	t值	系数	t值
常数项	-101.671	-1.091	-109.166	-1.175	-51.397	-0.737	-137.077	-1.780***
GDPPC	0.006	7.569***	0.006	10.585***	0.006	14.071***	0.006	12.335***
RINCOME	-34.712	-2.726***	-36.897	-2.951***	-31.156	-3.164***	-41.567	-3.933***
RCONSUME	-27.676	-2.500**	-28.254	-2.579**	-40.868	-4.876***	-32.366	-3.514***
FSTRUCTURE	4.888	0.208	16.441	1.454	-36.694	-1.795*	18.559	2.046**
IWLAN	0.449	1.815*	0.445	1.805*	-0.369	-1.257	0.374	1.774*
MOBILE	1.129	5.860***	1.149	5.964***	1.327	10.296***	1.358	9.270***
SPHC	0.022	4.721***	0.022	4.706***	0.021	5.889***	0.019	4.888***
GDPPC×FSTRUCTURE	0.000	0.647						
FAOUNT×FSTRUCTURE			0.000	0.632				
IWLAN×FSTRUCTURE					0.596	2.799***		
RINCOME×FAOUNT							0.000	1.514

注：***、**、*分别表示在 1%、5% 和 10% 水平上显著。

三、技术支持普惠金融的浙江实践

(一)浙江省支持普惠金融发展的技术基础

科技金融属于产业金融的范畴,主要是指科技产业与金融产业的融合。经济的发展依靠科技推动,而科技产业的发展需要金融的强力助推。科技金融传统的渠道主要有两种:一是政府出资建立基金或者母基金引导民间资本进入科技企业,二是多样化的科技企业股权融资渠道。具体包括政府扶持、科技贷款、科技担保、股权投资、多层次资本市场、科技保险以及科技租赁等。

下面我们以"互联网＋"行业为例,分析浙江省发展科技金融的机遇和挑战。

1.浙江省科技产业基础较好

在 2016 年全国"互联网＋"总指数排名中,杭州位列第 5,温州和宁波排进前 30 名,分列第 25 位和第 28 位,金华、嘉兴、台州、绍兴比较接近,进入了前 50 名。除舟山列第 108 位以外,浙江省其余 10 个地市均位列前 100 名,如表 8-6 所示。

表 8-6　浙江省各市在 2016 年全国"互联网＋"总指数和分项指数中的排名

序号	城市	总排名	基础	产业	创新创业	智慧城市
1	杭州	5	7	5	6	12
2	温州	25	23	27	34	20
3	宁波	28	28	23	31	49
4	金华	37	41	38	38	43
5	嘉兴	40	51	41	49	29

续 表

序号	城市	总排名	基础	产业	创新创业	智慧城市
6	台州	44	42	49	51	48
7	绍兴	49	55	50	81	42
8	湖州	68				39
9	丽水	78				38
10	衢州	94				40
11	舟山	108				45

资料来源:根据《中国"互联网+"指数(2016)》整理。

2.领头城市杭州的优势比较明显

从细分行业上看,北京、上海、广州、深圳、杭州、成都、天津、武汉等城市在各项各细分行业榜单前10名中出现得最多。具体来看,北上广深4个一线城市居于中心位置。北京处于绝对核心地位,上海、广州和深圳互有交集,但也位于中心。杭州除教育排第4名、医疗排第9名以外,其余都在第5名或者第6名,其中金融排名5名,如表8-7、图8-8所示。

表8-7 "互联网+"服务业10个细分行业"指数排名(取前10名)

排名	零售	金融	交通物流	医疗	教育	文化娱乐	餐饮住宿	旅游	商业服务	生活服务
1	北京	北京	北京	北京	北京	北京	上海	上海	北京	北京
2	上海	上海	上海	广州	广州	深圳	北京	北京	深圳	深圳
3	广州	深圳	广州	深圳	上海	上海	广州	广州	广州	上海
4	深圳	广州	深圳	上海	杭州	广州	深圳	深圳	上海	广州
5	成都	杭州	杭州	佛山	深圳	杭州	杭州	成都	成都	杭州
6	杭州	成都	武汉	长沙	重庆	成都	南京	杭州	杭州	武汉
7	苏州	南京	成都	成都	西安	武汉	南京	武汉	武汉	成都
8	天津	西安	天津	珠海	西安	武汉	成都	武汉	长沙	西安
9	武汉	武汉	南京	杭州	天津	长沙	西安	苏州	厦门	南京
10	重庆	福州	青岛	东莞	武汉	南京	天津	重庆	南京	重庆

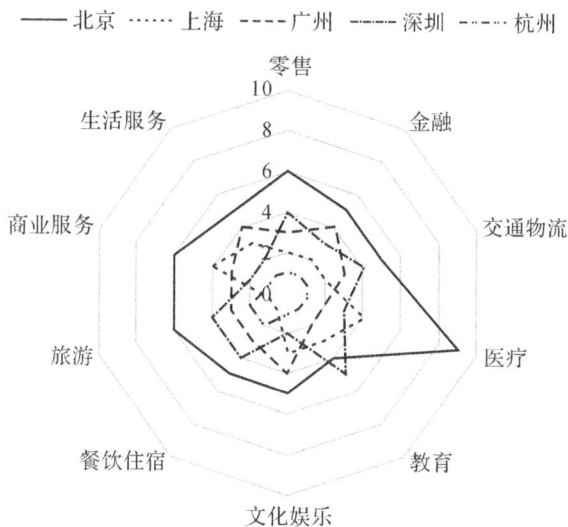

图 8-8　北上广深杭主要互联网＋行业排名

3.政府积极作为效果显著

"互联网＋产业"分指数排名前 50 名的城市加总占到全国总量的 69.3%。相比之下，"互联网＋智慧城市"分指数排名前 50 名的城市加总仅占全国总量的 37.4%。与"互联网＋产业"发展相比，"互联网＋智慧城市"的发展在行政力量的推动下更多地扩散到二、三线及以下城市。"互联网＋"成为新动能，带动中小城市发展。我省部分地市政府积极作为，积极发展创新创业、"智慧城市"，使其排名大幅超前于基础排名或者 GDP 排名，超越了当地移动互联基础，实现"互联网＋"与实体经济、公共服务的超水平融合，如表 8-8、表 8-9 所示。

表 8-8　细分指标超越当地移动互联基础名次

城市	省份	产业超前于基础名次	创新创业超前于基础名次	智慧城市超前于基础名次
丽水	浙江	58	44	142

表 8-9　细分指数超越实体经济、公共服务名次

城市	省份	产业＋创新创业排名	GDP 排名	领先位次
丽水	浙江	128	196	68

(二)浙江发展普惠金融发展的实践

党的十八届三中全会报告中提到了"普惠金融"的概念,这是对传统金融的拓展,目标在于提高资源配置效率和增进社会公平。G20 杭州峰会发布了《数字普惠金融高级原则》,倡导利用数字技术推动普惠金融发展。近年来,我国普惠金融发展取得了积极成效,得到了联合国、世界银行等国际组织的充分肯定。但在传统普惠金融不断发展的同时也遇到了客户可得性较低、整体覆盖面不足、金融产品比较单一、风险管理存在疏漏等挑战。浙江省作为区域金融创新试点,积极发展普惠金融,取得了显著的成效。

1.丽水农村金融改革让广大农民大受益

从 2006 年开始,人行丽水市中心支行组织实施了以林权抵押贷款为重点的"信贷支农"工程。2012 年 3 月 30 日该支行被中国人民银行批准成为全国农村金融改革试点。丽水市依靠农村金融改革,打开了"两山"通道,盘活了农村资源。从 2011 年到 2016 年,丽水有 47.5 万户农户直接受益。截至 2016 年 6 月末,全市涉农贷款余额达到 794.97 亿元,占全部贷款余额的 54%,比试点前 2011 年同期上升 7 百分点;农民贷款不良率为 1.5%,比全市金融机构贷款不良率低 1 百分点;在全省农村建设农民满意度测评中,丽水市已连续 5 年位居全省第一。

2.台州小微金融改革创新改善了小微企业融资环境

2012 年底,浙江省政府批复同意台州建设浙江省小微企业金融服务改革创新试验区;2015 年 12 月 2 日,国务院常务会议决定建设浙江省台

州市小微企业金融服务改革创新试验区。长期以来,台州经济发展存在"三多三难"问题,即"小微企业多、信用增进难,小法人金融机构多、资金来源难,经济部门信息多、信息共享难"。为破解"三多三难",改善企业融资难、融资贵的问题,进一步推进小微金融改革创新,升级层面的台州金融改革于2012年12月启动。

金融改革以来,取得的成绩中有三大亮点:一是信用信息共享平台的建立,破解了小微金融企业信息不对称的问题。台州归集金融、司法、税务等12个部门78大类600多细项信用信息,有效降低了银行的信息采集成本,并有利于针对信贷调查进行交叉检验。二是设立了小微企业信用保证基金,创新了小微企业融资担保机制,切实降低了小微企业的融资成本。信保基金初创规模5亿元,可为优质成长型小微企业提供累计50亿元的增信担保。三是建立了一系列小微企业金融服务专营机构,提高了小微企业金融服务的水平。

3.宁波普惠金融综合示范区使普惠金融更广覆盖

2016年4月,宁波市人民政府发布了《关于建设普惠金融综合示范区的实施意见》,指出根据《中国人民银行办公厅关于开展普惠金融综合示范区试点的批复》(银办函〔2015〕405号),决定在宁波率先试点建设普惠金融综合示范区,助力建设更高水平的小康社会和宁波市"两个基本"和"四好示范区"战略目标的实现。

以支持创新、促进协调、推进共享为指针,加强政府引导,充分发挥市场的决定性作用,以信用体系、移动金融、小微企业和"三农"金融服务、金融标准化建设等为重点,建设全面覆盖、重点渗透、满意度高的普惠金融综合示范区。以可负担的成本为有金融服务需求的社会各阶层和群体提供适当、有效的金融服务,充分发挥金融在"提升城乡品质、建设美丽宁波"中的作用,促进金融业健康可持续发展,推动经济转型升级,增进社会公平和社会和谐,助力宁波建成更高水平的小康社会。

(三)技术支持与普惠金融发展的浙江经验

通过分析浙江省发展普惠金融技术基础和实践,可以发现其发展特点主要体现在以下方面:一是传统普惠金融做得比较扎实,无论是小微金融还是"三农"金融,都有比较成熟的做法,取得了比较显著的成效;二是科技金融实力比较雄厚;三是科技金融与普惠金融协同发展仍然有很大的潜力。

本章小结

　　本章讨论了金融结构与科技金融发展的关系。经验研究结果表明，金融与科技结合能够对数字普惠金融产生比较显著的影响。这说明，优化金融结构，积极发展科技金融能够有效地推动数字普惠金融发展。

　　从数字普惠金融的国际比较这一研究视角切入，本章着重从金融结构和技术支持角度探讨了实施普惠金融的可能路径。实证研究表明，优化金融结构，积极发展科技金融能够有效地推动数字普惠金融发展。以浙江省为例，从科技金融与普惠金融相互依存、融合共生的角度，提供了普惠金融与技术支持相结合的一个比较典型的例证。

第九章　主要结论与政策建议

第一节　主要结论

从金融供给侧结构性改革为切入点探讨金融结构与高质量发展,既是当前研究的热点问题,也是我国"十四五"期间需要解决的重大问题。本书的主要研究结论如下:

第一,最优金融结构理论存在不足。本书从理论研究角度,在梳理金融结构理论和高质量发展基本内涵的基础上,区分了显性金融结构与隐性金融结构,提出了金融结构"工具—制度—功能"三维立体的"黏性金融结构假说",剖析了通常情况下最优金融结构难以达成的深层次原因。具体来看,金融结构优化主要通过动态完善金融制度,更好地实现金融功能,促成经济金融精确匹配来推动高质量发展。这种作用既体现在微观层面,也体现在中观和宏观层面。

第二,弱化金融结构的黏性,提高经济金融匹配度,需要从金融结构影响高质量发展的机制入手。围绕金融结构与高质量发展的关系,依据其内在逻辑在统一的分析框架下展开,探讨了金融结构与经济结构转型、金融结构与市场价格机制、金融结构与技术进步、金融结构与绿色发展、金融结构与科技金融发展等主题。

第三,通过多层次的经验研究总体上支持了以下结论:①结构优化是驱动经济增长的有效因素。②金融结构优化是推动高质量发展的重要动力。金融结构优化具体通过促进经济转型、市场机制完善、技术进步推动、绿色可持续发展等方面的机制,推动高质量发展。③对我国发展的现状而言,显性的金融结构优化本身包含增加直接融资比重、强化科技金融发展等丰富的维度。

第二节 对策建议

一、总体建议

(一)重视优化金融结构的重要意义

本书的理论研究和经验研究结果表明,从"工具—制度—功能"三维立体的角度克服金融结构黏性、系统优化金融结构是推动高质量发展的关键动力之一,因此需要更加注重金融发展中的结构因素,进一步深化金融供给侧结构性改革。

(二)克服金融结构黏性的不利影响

本书提出了"黏性金融结构假说",认为通常情况下金融结构变迁往往滞后于经济结构变迁,深层次原因是黏性工具结构、黏性制度结构和黏性功能结构的综合作用。前者是显性的黏性结构,后两者是隐性的黏性结构。因此,克服金融结构黏性,达成最优金融结构,不仅要关注显性金融结构,更要重视隐性金融结构,重视金融制度和金融功能演变的影响。

(三)重视优化金融结构推动高质量发展的内在机制

从理论上看,通过克服金融结构的"黏性",优化金融结构,达成"最优金融结构",可以提高金融结构与经济结构的匹配度,推动高质量发展。

但是在实际中情况可能要复杂得多。因此需要进一步辨析通过优化金融结构推动高质量发展的机制。这一方面需要明确高质量发展的内涵,即保持一定的增长速度,同时更加侧重经济结构优化;另一方面也要进一步明确经济结构优化和高质量发展的具体内涵。本书着重讨论了通过优化金融结构完善市场机制、促进技术进步、推动绿色发展、强化科技金融发展等主题。

二、具体建议

(一)通过结构优化推动经济增长

从经济结构优化与经济增长关系来看,可以从以下几个方面来推动金融发展,支持我国深度参与中东欧“16＋1”合作。

第一,进一步发挥金融发展的积极作用。经验结果表明,我国金融发展对于经济增长的作用在 2001 年以后有所减弱,这表明金融简单的扩张对经济增长的促进作用正在减弱。因此,我们需要从金融结构和金融效率的角度,从深化金融改革入手,增强金融发展的积极作用。

第二,“走出去”与“引进来”相结合。主要思路是发挥我国在金融领域的比较优势,推动科技金融、普惠金融“走出去”,高端金融服务、多层次资本市场建设经验“引进来”。对于中东欧国家而言,经济转型对于经济增长的动力已经相对较弱,而金融发展的动力仍然潜力较大,这是中国与其开展金融合作的基础。但是由于受到债务融资规模和潜在风险的约束,金融合作也要量力而行,稳步推进。

第三,构建金融支持的长效机制。当前,我国参与“16＋1”合作存在一定的路径依赖现象,即倚重微观贸易和投资,忽略金融和制度框架合作。建议以重点国家为突破口,构建能够互惠互利的长效合作机制。具体来看,可以在以下几个方面着力,一是研究设立全国性或区域性股权交易中心的"16＋1"合作定向国际版;二是组织加强"16＋1"合作相关国家金融相关法律、政策培训;三是在科技金融、绿色金融等重点领域推动创新,搭建产学研一体化的合作交流机制和平台。

(二)通过优化金融结构推动经济增长

从金融结构优化与经济增长的关系来看,金融结构调整需更加"宽化",拓展金融宽度,即拓展金融产品与服务的可得性、丰富度和覆盖面(姚星垣,2013),尤其是逐步完善有利于创新的多层次资本市场,大力发展科技金融,使得科技和金融要素的协同效应发挥更积极的作用。

通过对样本经济体的比较分析,尤其是以中国香港地区为代表的高收入组的研究,对在经济进入新常态下粤港澳大湾区和其他内地经济持续增长有多方面的启示。

第一,经济结构优化的主要动力来自产业的转型升级,即由传统的粗放型经济转向集约型中高端经济,同时也要构建和完善以金融和生产性服务业为主体的现代服务业体系。目前包括粤港澳大湾区在内的内地经济转型升级仍存在较大的空间。

第二,以金融结构性供给侧结构性改革为契机,优化金融结构。一方面,需要继续加大金融结构中直接融资的比重。尽管有过较大的起落,但是目前我国直接融资比重仍然处于样本经济体中的最低水平,潜力较大;另一方面,需要增强金融结构优化的内生性,在加强监管、防范系统性金融风险的前提下,通过深化金融市场化改革,激发金融活力,提高金融结构与经济结构的匹配度,实现由"单轮驱动"向"双轮驱动"模式的转变。

（三）通过优化金融结构完善市场价格机制

从金融结构与市场价格关系来看，经验研究表明，在开放经济条件下和市场化程度日益提升的条件下，要重视金融结构对资产价格的重要影响。这种影响可能在一定程度上是逐渐累积的，在一段时间之内可能并没有直接显现，但是从长期来看，不容忽视。因此，我们的政策建议如下。

第一，优化金融结构是提升金融效率的重要方式。在新兴经济体的演进过程中，经济金融体制的改革往往伴随着金融结构的演化。经验研究表明，内部金融结构的重要性要大于外部金融结构，或者换句话说，金融内部的（供给侧）结构性改革要优于金融业整体规模的扩张。在当前我国整体金融规模十分巨大，但是金融运行效率欠佳的大背景下，本书的研究为今后我国金融改革发展需更加侧重结构性优化而非规模扩张提供了理论基础和经验支持。

第二，重视金融结构的微观影响。传统认为，金融结构的影响主要来自提升金融市场化程度或者提升金融效率，但是本书的研究表明，金融结构还是直接或者间接影响金融资产价格的重要因素。因此一个重要的启示是对于金融结构的研究，需要从宏观视角深入到微观视角。因为，金融结构给金融市场带来宏观变革的同时，还可以通过资产价格这个微观渠道深刻地影响金融市场运行方式。因此，无论是宏观金融改革的制定还是微观金融资产价格的配置，都需要更加重视金融结构可能产生的影响。

第三，从金融结构角度防范系统性金融风险。成熟的金融市场本质上是一个相互连通的整体，但是对于新兴经济体而言，不同的金融子市场之间往往存在着这样或者那样的间隔。一方面，可能影响金融整体最佳效率的发挥；另一方面，当某个金融子市场发生局部危机时，在成熟市场中比较畅通的传导机制也可能发生某些阻隔。但是，随着金融整体市场化程度的提高,从总体趋势看,这种阻隔会越来越小。因此,从理论上来说,通过各个市场之间的传导,发生系统性风险的可能性在提高。从某种意义上说,本书的研究表明,金融结构正是观察这一可能性的有效测度。需要指出的是,在深入推进市场化改革,让"市场在资源配置中起决定性作用"的大背景下,我们无法通过"逆市场化"的方式,以牺牲效率为代价,人为地增加市场间的阻隔,相反,我们需要密切关注金融结构演进对不同金融市场,尤其是关键资产价格之间联动关系带来的影响,密切关注不同市场之间联动的渠道和方式,重在战略布局、重在统筹兼顾、重在事先洞察,坚持底线思维,正确防范和应对系统性金融风险,以支持和保障宏观经济持续、健康发展。

(四)通过优化金融结构推动绿色发展

从金融结构与绿色发展的关系来看,研究表明,简单地提高直接融资比重,并不必然能够推动绿色发展和高质量增长,因此,更需要注重其内在的运行机制。对此,我们提出如下对此建议:

第一,要重视机制构建。我们经验研究表明,在以 G7 为代表的发达经济体内部,由于已经形成了"金融结构优化—高质量增长—绿色发展"的良性循环机制,因此,通过提高直接融资比重,确实可以进一步促进高质量增长和绿色发展。因此,优化金融结构理论上是可以发挥积极作用的。但是,如果在这条内部反馈机制建立之前,贸然提升直接融资比重,恐怕效果不会那么理想。对于我国当前阶段而言,通过深入改革,进一步健全法律政策体系,规范资本市场,树立投资者信心,激发市场活力,可能比单纯扩大规模更加有效。

第二,要重视绿色金融的发展。发达国家的经验表明,在金融结构与绿色发展之间存在着相互影响的机制。从理论上说,这种金融发展与绿色发展的结合点就在于发展绿色金融,尤其是侧重股权融资的绿色金融。当前,我国绿色金融事业发展迅猛,取得了显著的阶段性成果,但也存在绿色金融品种比较单一,主要依赖于绿色信贷和绿色债券的问题。因此,从优化金融结构的角度发展绿色金融,积极探索绿色股权投资,支持绿色中小板创业板、绿色新三板、绿色私募股权和绿色创投资本的探索和发展,可能是一条有效的路径。

第三,加强高质量增长和绿色发展的保障机制建设。有研究表明,金融支持绿色发展的政策重点可能在于加强资金使用监督(黄建欢等,2014),因此从政府部门、金融机构和企业自律等多方面共同参与,构建"法律—政策—风控—行规"多维一体的内在自治的良好的绿色金融生态尤为重要。

(五)通过优化金融结构推动科技金融发展

从金融结构与科技金融的关系来看,金融与科技结合能够对数字普惠金融产生比较显著的影响。优化金融结构,积极发展科技金融是推动数字普惠金融发展的有效手段之一。对此提出如下对策建议:

第一,借鉴国际经验,构建普惠金融服务体系。一是继续深化发展传统普惠金融。国际经验表明,传统普惠金融发展与经济状况相关度较高。二是大力发展数字普惠金融。可以依据科技支撑的细分行业优势,结合空间分布,有针对性地推进数字普惠金融的发展。国际比较经验表明,数字普惠金融可以相对独立地异军突起。我国的实证分析也表明,科技与金融的结合,将显著地提升数字金融发展水平。因此,可以发挥这种比较优势,将科技优势与金融优势相结合,协同发挥积极作用。

第二,立足功能定位,着力提升普惠金融价值。从逻辑上看,这种着力点既可能是某种金融机构、某类金融产品或者某个金融市场(平台),当然也可能是超越这种金融机构、金融产品和金融市场的传统分类，而是直接体现某项特定的金融功能的某种特殊的金融形态。

第三，利用比较优势，积极发展数字普惠金融。在发展移动互联网普惠金融服务时要做到"因地制宜""因人而异""保本微利"。在经济欠发达地区着眼于提高普惠金融服务的可得性，助力"精准扶贫"；在经济较发达地区着眼于增加普惠金融服务的丰富度，侧重"锦上添花"。

有大数据、云计算等现代技术的支持，更加个性化、多元化的基于移动互联网的普惠金融服务成为可能。比如，为不同年龄层次、消费习惯的个体设置不同的借贷门槛、借贷额度、借贷周期甚至不同的理财收益率。

追本溯源，发展基于移动互联网的普惠金融仍然要坚持"普惠"的原则，在操作上要做到成本可控，在发展理念上要坚持可持续发展。因此，综合两方面因素看，"保本微利"可能是最佳的结合。各类金融机构包括互联网金融机构在针对欠发达地区开发金融产品和服务时不能目光短浅只求短期盈利，而需要有长远发展的眼光，坚持可持续发展理念。

参考文献

[1] Aggarwal R, 1981. Exchange rates and Stock prices: a study of the US capital markets under floating exchange rates[J]. Akron Business and Economic Review Fall (3):7-12.

[2] Aghion P, Howitt P, 1992. A model of growth through creative destruction[J]. Econometrica (2):323-351.

[3] Akel V, Kandır S Y, Yavuz Ö S, 2015. Dynamic relationship between stock prices and exchange rates in emerging markets: evidence from fragile five economies[J]. Journal of Economic Studies (4):707-732.

[4] Allen F, Bartiloro L, Gu X, et al., 2016. Does economic structure determine financial structure? [R]. IESEG Working Paper.

[5] Allen F, Gu X, Kowalewski O, 2012. Financial crisis, structure and reform[J]. Journal of Banking and Finance (11):2960-2973.

[6] Ambarkhane D, Singh A S, Venkataramani B, 2016. Developing a comprehensive financial inclusion index[J]. Management and Labour Studies (3):216-235.

[7] Aslan A, Apergis N, Topcu M, 2014. Banking development and en-

ergy consumption: evidence from a panel of middle eastern countries [J]. Energy (1): 427-433.

[8] Bahmanioskooee M, Saha S, 2015. On the relation between stock prices and exchange rates: a review article[J]. Journal of Economic Studies (4):707-732.

[9] Beck T, Demirgüç-Kunt A, 2009. Financial institutions and markets across countries and over time: data and analysis[R]. World Bank Policy Research Working Paper.

[10] Beck T, Demirgüç-Kunt A, Levine R, 2000. A new database on financial development and structure[J]. World Bank Economic Review (1): 597-605.

[11] Beck T, Demirgüç-Kunt A, Singer D, 2013. Is small beautiful? financial structure, size and access to finance[J]. World Development,52: 19-33.

[12] Beck T, Levine R, 2002. Industry growth and capital allocation: does having a market-or bank-based system matter[J]. Journal of Financial Economics (2):147-180.

[13] Binh K B, Park S Y, Shin B S, 2006. Financial structure does matter for industrial growth: direct evidence from OECD countries [R]. Working Paper.

[14] Brown J, Petersen B, 2010. Public entrants, public equity finance and creative destruction[J]. Journal of Banking & Finance (5): 1077-1088.

[15] Caporale G M, Pittis N, 1999. Unit root testing using covariates: some theory and evidence[J]. Oxford Bulletin of Economics & Statistics(4):583-595.

[16] Castroa F, Kalatzisb A, Martins-Filhoc C, 2015. Financing in an emerging economy: does financial development or financial structure matter? [J]. Emerging Markets Review, 23:96-123.

[17] Cheung Y W, Lai K S, 1993. Finite-sample sizes of Johansen's likelihood ratio for cointegration[J]. Oxford Bulletin of Economics and Statistics (3):313-328.

[18] De Santis, G, Gerard, G, 1998. How big is the premium for currency risk[J]. Journal of Financial Economics, 49:375-412.

[19] Demirgüç-Kunt A, Feyen E, Levine R, 2012. The evolving importance of banks and securities markets[J]. The World Bank Economic Review (3): 476-490.

[20] Demirgüç-Kunt A, Levine R, 1999. Bank-based and market-based financial systems: cross-country comparisons[R]. World Bank Policy Working Paper.

[21] Demirgüç-Kunt A, Levine R, 2004. Financial structure and economic growth: a cross-country comparison of banks, markets and development[M]. Cambridge: MIT Press.

[22] Dolado J J, Lutkepohl H, 1996. Making wald tests work for cointegrated VAR systems[J]. Econometric Reviews (4):369-386.

[23] Dornbusch R, Fisher S, 1980. Exchange rates and the current account[J]. American Economic Review, 70:960-971.

[24] Dumas, B, Solnik, B, 1995. The World price of foreign exchange risk[J]. Journal of Finance, 47: 445-477.

[25] Engle R F, Granger C W J, 1987. Cointegration and error correction: representation, estimation and testing[J]. Econometrica (2): 251-277.

[26] Evers M, Niemann S, Schiffbauer M, 2009. Inflation, liquidity risk and long-run TFP-growth[R]. Economic and Social Research Institute (ESRI) Papers.

[27] Feenstra R C, Inklaar R, Timmer M P, 2015. The next generation of the penn world table[J]. American Economic Review (10): 3150-3182.

[28] Frank A G, 1959. Industrial capital stocks and energy consumption [J]. Economic Journal (3).

[29] Gavin M, 1989. The stock market and exchange rate dynamics[J]. Journal of International Money and Finance (8):181-200.

[30] Goldsmith Ṙ, 1969. Financial structure and development [M]. New Haven: Yale University Press.

[31] Gupte R, Venkataramani B, Gupta D, 2012. Computation of financial inclusion index for India[J]. Procedia-Social and Behavioral Sciences (1):133-149.

[32] Hansen B E, Phillips P C B, 1990. Estimation and inference in models of cointegration: a simulation study[J]. Advances in Econometrics (8):225-248.

[33] Hansen H, Johansen S, 1998. Some tests for parameter constancy in cointegrated VAR-Model[R]. Working Paper. University of Copenhagen, Institute of Mathematical Statistics.

[34] Harper J T, McNulty J E, 2008. Financial system size in transition economies: the effect of legal origin[J]. Journal of Money, Credit and Banking, 40:1263-1280.

[35] Johansen S, 1988. Statistical analysis of cointegration vectors[J]. Journal of Economic Dynamics and Control (12): 231-254.

[36] Johansen S, Juselius K, 1990. Some structural hypotheses in a multivariate cointegration analysis of the purchasing power parity and the uncovered interest parity for UK[J]. Journal of Econometrics, 53:169-210.

[37] Kao C, Chiang M H, 2000. On the estimation and inference of a cointegrated regressionin panel data[J]. Advancesin Econometrics (1):109-141.

[38] Kim K, Baek C, Lee J G, 2018. Creative destruction of the sharing economy in action: the case of Uber[J]. Transportation Research Part A: Policy and Practice, 110:118-127.

[39] King R G, Levine R, 1993. Finance, entrepreneurship and growth [J]. Journal of Monetary Economics (3):513-542.

[40] Kopcke R, 1988. Stock prices, financial structure, investment strategy and economic rents[R]. Federal Reserve Bank of San Francisco.

[41] Levine R, 2002. Bank-based or market-based financial systems: Which is better? [J]. Journal of Financial Intermediation (4): 398-428.

[42] Levine R, Loayza N, Beck T, 2000. Financial intermediation and growth: causality and causes[J]. Journal of Monetary Economics (1): 31-77.

[43] Levine R, Zervos S, 1988. Stock markets, banks, and economic growth[J]. American Economic Review, 88:537-558.

[44] Lin J Y, Sun X, Jiang Y, 2009. Toward a theory of optimal financial structure[R]. World Bank Policy Research WPS No. 5038.

[45] Lutkepohl H, 1982. Non-causality due to omitted variables[J].

Journal of Econometrics (2-3): 367-378.

[46] Madsen J B, 2007. Economic growth, TFP convergence and world exports of ideas: a century of evidence[R]. Monash Economics Working Papers (1): 145-167.

[47] Mahalik M K, Mallick H, 2014. Energy consumption, economic growth and financial development: exploring the empirical linkages for India[J]. The Journal of Developing Areas (4): 139-159.

[48] Majumder S B, Nag R N, 2015. Return and volatility spillover between stock price and exchange rate: Indian evidence[J]. International Journal of Economics and Business Research (4):326.

[49] Malamud S, Zucchi F, 2019. Liquidity, innovation, and endogenous growth[J]. Journal of Financial Economics (2): 519-541.

[50] Moore T, Wang P, 2014. Dynamic linkage between real exchange rates and Stock prices: Evidence from developed and emerging Asian markets[J]. International Review of Economics & Finance (1): 1-11.

[51] Ortiz G, 1979. Financial structure and exchange rate experience: Mexico 1954—1977[J]. Journal of Development Economics (4): 515-548.

[52] Osterwald-Lenum M, 1992. A note with quantiles of the asymptotic distribution of the maximum likelihood cointegration rank test statistics1[J]. Oxford Bulletin of Economics & Statistics (3): 461-472.

[53] Patrick T, 1966. Financial development and economic growth in under developed countries[J]. Economic Development and Cultural Change (2): 174-189.

[54] Pedroni P, 1999. Critical values for cointegration tests inheterogeneous panels with multiple regressors[J]. Oxford Bulletin of Economics and Statistics (S1):653-670.

[55] Pedroni P, 2000. Fully modified OLS for heterogeneous cointegrated panels[R]. Department of Economics Working Papers.

[56] Pedroni P, 2004. Panel cointegration : a symptotic and finite sample properties of pooled time series tests with an application to the PPP hypothesis[J]. Econometric Theory (3): 597-625.

[57] Pesaran M H, Smith R, 1995. Estimating long-run relationships from dynamic heterogeneous panels[J]. Journal of Econometrics (1):79-113.

[58] Phillips P C B, Moon H R, 1999. Linear regression limit theory for nonstationary panel data[J]. Econometrica (5):1057-1111.

[59] Phylaktis K, Ravazzolo F, 2005. Stock prices and exchange rate dynamics[J]. Journal of International Money and Finance.

[60] Rajan R, Zingales L, 1998. Financial dependence and growth[J]. American Economic Review (3): 559-586.

[61] Rashid A, Yousaf N, 2015. Linkage of financial development with electricity growth, nexus of India and pakistan[J]. Macroeconomics and Monetary Economics (2): 151-160.

[62] Reimers H E, 1992. Comparisons of tests for multivariate cointegration[J]. Statistical Papers (1):335-346.

[63] Roll R, 1992. Industrial structure and the comparative behaviour of international stock market indices[J]. Journal of Finance (1): 3-41.

[64] Sadorsky P, 2010. The impact of financial development on energy consumption in emerging economies[J]. Energy Policy (5): 2528-2535.

[65] Sadorsky P, 2011. Financial development and energy consumption in Central and Eastearn Europe frontier economies[J]. Energy Policy (2): 999-1006.

[66] Sarma M, 2008. Index of financial inclusion[R]. New Delhi: Indian Council for Research on International PRInomic Relations Working Paper No. 215.

[67] Tamazian A, Chousa J P, Vadlamannati C, 2009. Does higher economic and financial development lead to environmental degradation? Evidence from BRIC countries[J]. Energy Policy (1): 246-253.

[68] Torre A, Feyen E, Ize A, 2013. Financial development: structure and dynamics [J]. The World Bank Economic Review (3): 514-541.

[69] Živkov D, Njegić J, Milenkovic I, 2015. Dynamic correlation between stock returns and exchange rate and its dependence on the conditional volatilities-the case of several eastern european countries[J]. Bulletin of Economic Research (S1):28-41.

[70] Živkov D, Njegic J, Milenkovic I, 2015. Bidirectional volatility spillover effect between the exchange rate and stocks in the presence of structural breaks in selected eastern european economies [J]. Finance a Uver (6):477-498.

[71] 蔡跃洲,张钧南,2015.信息通信技术对中国经济增长的替代效应与渗透效应[J].经济研究 (12):100-114.

[72] 钞小静,任保平,2011.中国经济增长质量的时序变化与地区差异分析[J].经济研究 (4):26-40.

[73] 陈昌兵,2018.新时代我国经济高质量发展动力转换研究[J].上海

经济研究(5):16-24,41.

[74] 陈嘉雯,陈华超,徐强,2018. 全要素生产率与能源消费对碳排放影响的实证分析[J]. 统计与决策(13):130-134.

[75] 陈浪南,陈景煌,2016.外商直接投资对中国经济增长影响的经验研究[J]. 世界经济(6):20-26.

[76] 崔治文,张晓甜,白家瑛. 普惠金融发展区域差异及影响因素研究:以甘肃为例[J]. 地方财政研究(12):82-88.

[77] 邓欣,2012. 浙江民营制造业升级途径研究:基于逆微笑曲线视角[J].经济论坛(10):3.

[78] 董晓林,徐虹,2012. 我国农村金融排斥影响因素的实证分析:基于县域金融机构网点分布的视角[J]. 金融研究(9):115-126.

[79] 董莹莹,廖可贵,2013. 中国金融结构与宏观经济结构关系实证研究[J]. 统计与决策(6):159-161.

[80] 杜婷婷,毛锋,罗锐,2007.中国经济增长与 CO_2 排放演化探析[J]. 中国人口・资源与环境(2):94-99.

[81] 范柏乃,江蕾,罗佳明,2004.中国经济增长与科技投入关系的实证研究[J].科研管理(5):6.

[82] 范庆泉,张同斌,2018.中国经济增长路径上的环境规制政策与污染治理机制研究[J].世界经济(8):171-192.

[83] 方浩文,2013. 金融结构、经济结构与总消费波动关系研究:基于中国金融结构约束的观点[J]. 天津大学学报(社会科学版)(3):204-209.

[84] 方蕾,粟芳,2017. 我国农村普惠金融的空间相关特征和影响因素分析:基于上海财经大学2015"千村调查"[J]. 财经论丛(1):41-50.

[85] 方颖,赵扬,2011.寻找制度的工具变量:估计产权保护对中国经济增长的贡献[J].经济研究(5):138-148.

［86］傅晓霞,吴利学,2002.制度变迁对中国经济增长贡献的实证分析
[J].南开经济研究(4):70-75.

［87］傅晓霞,吴利学,2007.前沿分析方法在中国经济增长核算中的适用
性[J].世界经济(7):56-66.

［88］郭熙保,罗知,2009.外资特征对中国经济增长的影响[J].经济研究
(5):52-65.

［89］何兴邦,2019.城镇化对中国经济增长质量的影响:基于省级面板
数据的分析[J].城市问题(1):4-13.

［90］黄速建,肖红军,王欣,2018.论国有企业高质量发展[J].中国工业
经济(10):19-41.

［91］江锦凡,2004.外商直接投资在中国经济增长中的作用机制[J].世
界经济(1):3-10.

［92］金碚,2018.关于"高质量发展"的经济学研究[J].中国工业经济
(4):5-18.

［93］景维民,王瑶,2018.改革开放40年来中国经济增长轨迹研究:稳增
长、高质量发展与混合经济结构优化[J].现代财经(天津财经大学
学报)(12):13-21.

［94］孔寒冰,韦冲霄,2017.中国与中东欧国家"16+1"合作机制的若干
问题探讨[J].社会科学(11):14-23.

［95］孔群喜,王紫绮,2019.对外直接投资如何影响中国经济增长质量:
事实与机制[J].北京工商大学学报(社会科学版)(1):112-126.

［96］兰王盛,邓舒仁,2016.数字普惠金融欺诈的表现形式及潜在规律
研究基于典型案例的分析[J].浙江金融(12):68-73.

［97］李宏彬,李杏,姚先国,等,2009.企业家的创业与创新精神对中国经
济增长的影响[J].经济研究(10):99-108.

［98］李建伟,余明,2003.人民币有效汇率的波动及其对中国经济增长的

影响[J].世界经济(11):21-34.

[99] 李茂生,李光荣,2001. 新世纪初经济结构与金融结构优化研究[J].财经理论与实践(6):17-24.

[100] 李素梅,黄衍枝,2017.京津冀区域金融结构与技术创新协同发展研究:基于复合系统协调度模型[J].科技管理研究(17):99-108.

[101] 李涛,黄纯纯,周业安,2011. 税收、税收竞争与中国经济增长[J].世界经济(4):22-41.

[102] 李涛,周业安,2008.财政分权视角下的支出竞争和中国经济增长:基于中国省级面板数据的经验研究[J].世界经济(11):3-15.

[103] 李西江,2012. 经济结构调整及金融工具选择:缘自地区间差异[J].改革(8):25-30.

[104] 李晓峰,叶文娱,2010.汇率与股价关系研究最新进展述评[J].经济评论(3):129-134.

[105] 李学文,卢新海,张蔚文,2012.地方政府与预算外收入:中国经济增长模式问题[J].世界经济(8):134-160.

[106] 李言,毛丰付,2019. 中国区域经济增长与经济结构的变迁:1978—2016[J].经济学家(2):55-65.

[107] 李扬,殷剑峰,2005.劳动力转移过程中的高储蓄、高投资和中国经济增长[J].经济研究(2):4-15,25.

[108] 梁泳梅,董敏杰,2015.中国经济增长来源:基于非参数核算方法的分析[J].世界经济(11):29-52.

[109] 林伯强,2003.电力消费与中国经济增长:基于生产函数的研究[J].管理世界(11):18-27.

[110] 林三强,胡日东,张秀武,2009. 我国金融结构体系促进技术创新的实证分析[J].科技管理研究(5):287,294-295.

[111] 林毅夫,姜烨,2006.发展战略、经济结构和银行业结构:来自中国

的经验[J].管理世界(1):29-40.

[112] 林毅夫,孙希芳,2008.银行业结构与经济增长[J].经济研究(9):
31-45.

[113] 林毅夫,孙希芳,姜烨,2009.经济发展中的最优金融结构理论初探
[J].经济研究(8):4-17.

[115] 林志帆,龙晓旋,2015.金融结构与发展中国家的技术进步:基于
新结构经济学视角的实证研究[J].经济学动态(12):57-68.

[116] 凌文昌,邓伟根,2004.产业转型与中国经济增长[J].中国工业经
济(12):20-24.

[117] 刘海英,赵英才,张纯洪.人力资本"均化"与中国经济增长质量关
系研究[J].管理世界(11):15-21.

[118] 刘明广,2017.中国省域绿色发展水平测量与空间演化[J].华南
师范大学学报(社会科学版)(3):37-44,189-190.

[119] 刘瑞翔,2013.探寻中国经济增长源泉:要素投入、生产率与环境
消耗[J].世界经济(10):123-141.

[120] 刘瑞翔,安同良,2011.中国经济增长的动力来源与转换展望:基于
最终需求角度的分析[J].经济研究(7):30-41,64.

[121] 刘瑞翔,安同良,2012.资源环境约束下中国经济增长绩效变化趋
势与因素分析:基于一种新型生产率指数构建与分解方法的研究
[J].经济研究(11):34-47.

[122] 刘淑春,2019.高质量发展的浙江实践与启示意蕴[J].治理研究
(1):55-63.

[123] 刘现伟,文丰安,2018.新时代民营经济高质量发展的难点与策略
[J].改革(9):5-14.

[124] 刘星,2006.能源对中国经济增长制约作用的实证研究[J].数理统
计与管理(4):443-447.

[125] 刘学武,2000.投资、消费、国际贸易与中国经济增长:1989—1999
年经验分析[J].世界经济(9):39-45.

[126] 刘哲,孙熠,2010.金融危机视角下转型国家资本流动和外资依赖
问题分析:以波兰、捷克、匈牙利为例[J].世界经济与政治论坛
(2):34-44.

[127] 刘志彪,2018.理解高质量发展:基本特征、支撑要素与当前重点问
题[J].学术月刊(7):39-45,59.

[128] 刘作奎,2016."一带一路"倡议背景下的"16＋1"合作[J].当代世
界与社会主义(3):144-152.

[129] 龙真,2009.宏基:微笑曲线之困[J].当代经理人(6):31-37.

[130] 陆凤芝,黄永兴,徐鹏,2017.中国普惠金融的省域差异及影响因素
[J].金融经济学研究(1):113-122.

[131] 陆铭,2011.建设用地使用权跨区域再配置:中国经济增长的新动
力[J].世界经济(1):107-125.

[132] 栾大鹏,欧阳日辉,2012.生产要素内部投入结构与中国经济增长
[J].世界经济(6):78-92.

[133] 邱晓华,郑京平,万东华,等,2006.中国经济增长动力及前景分析
[J].经济研究(5):4-12.

[134] 任保平,2018.新时代中国经济从高速增长转向高质量发展:理论
阐释与实践取向[J].学术月刊(3):66-74,86.

[135] 任保平,2018.新时代高质量发展的政治经济学理论逻辑及其现实
性[J].人文杂志(2):26-34.

[136] 沈坤荣,1999.外商直接投资与中国经济增长[J].管理世界(5):
22-34.

[137] 沈坤荣,金刚,2018.中国经济增长40年的动力:地方政府行为的
视角[J].经济与管理研究(12):3-13.

[138] 宋晓玲,2017. 数字普惠金融缩小城乡收入差距的实证检验[J]. 财经科学(6)：14-25.

[139] 孙景德,余霞民,2012. 金融结构和经济结构对称性分析的宁波个案[J]. 上海金融(8)：21-25,116.

[140] 孙伍琴,2004. 论不同金融结构对技术创新的影响[J]. 经济地理(2)：182-186.

[141] 孙欣媛,2017. 天津市普惠金融指数与影响因素研究[J]. 吉林金融研究(6)：39-43.

[142] 唐文强,严明义,2014. 经济结构调整与经济增长：基于多维结构约束效应的视角[J]. 经济问题探索(3)：15-21.

[143] 田艳平,徐玮,顾贾能,2018. 影响工业高质量增长的制度性因素：基于中国式分权的研究[J]. 学习与实践(5)：40-50.

[144] 汪小勤,汪红梅,2007. 人口红利. 效应与中国经济增长[J]. 经济学家(1)：104-110.

[145] 王成岐,张建华,安辉,2002.外商直接投资、地区差异与中国经济增长[J]. 世界经济(4)：15-23,80.

[146] 王崇梅,2010.中国经济增长与能源消耗脱钩分析[J]. 中国人口·资源与环境(3)：35-37.

[147] 王锋,冯根福,吴丽华,2013.中国经济增长中碳强度下降的省区贡献分解[J]. 经济研究(8)：143-155.

[148] 王家赠,2002.教育对中国经济增长的影响分析[J]. 上海经济研究(3)：10-17,31.

[149] 王金营,2002.中国经济增长与综合要素生产率和人力资本需求[J]. 中国人口科学(2)：13-19.

[150] 王婧,胡国晖,2013. 中国普惠金融的发展评价及影响因素分析[J]. 金融论坛(6)：33-38.

[151] 王茜,叶一鸣,2018."16＋1"合作:构建新的金融监管平台[J].
WTO 经济导刊(3):55-56.

[152] 王任飞,王进杰,2007.基础设施与中国经济增长:基于 VAR 方法
的研究[J].世界经济(3):13-21.

[153] 王申,陶士贵,2015.人民币汇率、短期国际资本流动与资产价格
[J].金融论坛(7):59-70.

[154] 王书华,杨有振,2011.供给领先的金融发展与经济增长:理论假说
与经验事实[J].山西财经大学学报(3):41-47.

[155] 王文博,陈昌兵,徐海燕,2002.包含制度因素的中国经济增长模型
及实证分析[J].当代经济科学(2):33-37,93.

[156] 王小鲁,2000.中国经济增长的可持续性与制度变革[J].经济研
究(7):3-15,79.

[157] 王小鲁,樊纲,刘鹏,2009.中国经济增长方式转换和增长可持续性
[J].经济研究(1):4-16.

[158] 王永昌,尹江燕,2019.论经济高质量发展的基本内涵及趋向[J].
浙江学刊(1):91-95.

[159] 王永齐,2004.对外贸易结构与中国经济增长:基于因果关系的检
验[J].世界经济(11):31-39,80.

[160] 卫兴华,侯为民,2007.中国经济增长方式的选择与转换途径[J].
经济研究(7):15-22.

[161] 魏敏,李书昊,2018.新时代中国经济高质量发展水平的测度研究
[J].数量经济技术经济研究(11):3-20.

[162] 温涛,张梓榆,2018.信贷扩张、研发投入与中国经济增长的"量"与
"质"[J].科研管理(1):1-8.

[163] 文娟,张生丛,2009.价值链各环节市场结构对利润分布的影响:以
晶体硅太阳能电池产业价值链为例[J].中国工业经济(5):11.

[164] 吴丽华,傅广敏,2014.人民币汇率、短期资本与股价互动[J].经济研究(11):72-86.

[165] 吴勇民,纪玉山,吕永刚,2014.技术进步与金融结构的协同演化研究:来自中国的经验证据[J].现代财经(天津财经大学学报)(7):33-44.

[166] 吴忠群,2002.中国经济增长中消费和投资的确定[J].中国社会科学(3):49-62,205.

[167] 伍山林,2016.农业劳动力流动对中国经济增长的贡献[J].经济研究(2):97-110.

[168] 徐明,刘金山,2017.何种金融结构有利于技术创新:理论解构、实践导向与启示[J].经济学家(10):54-64.

[169] 杨俊,王佳,2012.金融结构与收入不平等:渠道和证据:中国省际非平稳异质面板数据的研究[J].金融研究(1):120-132.

[170] 姚林华,2016.我国贫困地区普惠金融发展影响因素实证研究[J].区域金融研究(4):27-31.

[171] 姚晓霞,吴淼,2015.移动支付助推农村普惠金融建设的非洲经验借鉴[J].甘肃金融(6):35-37.

[172] 姚星垣,2007.我国汇率与资产价格传导机制探讨[J].浙江金融(1):20-21,23.

[173] 姚星垣,2013.金融宽度与区域金融发展[M].北京:中国社会科学出版社.

[174] 姚耀军,董钢锋,2013.金融发展、金融结构与技术进步:来自中国省级面板数据的经验证据[J].当代财经(11):56-65.

[175] 叶德珠,曾繁清,2019."金融结构—技术水平"匹配度与经济发展:基于跨国面板数据的研究[J].国际金融研究(1):28-37.

[176] 易纲,林明,2003.理解中国经济增长[J].中国社会科学(2):45-

60，205．

［177］殷孟波，贺国生，2001．西南金融结构与经济结构的关系［J］．经济
学家（6）：85-89．

［178］余剑科，2017．普惠金融与移动支付使用意愿影响因素：以重庆为
例［J］．当代金融研究（1）：90-97．

［179］余泳泽，胡山，2018．中国经济高质量发展的现实困境与基本路径：
文献综述［J］．宏观质量研究（4）：1-17．

［180］张兵，封思贤，李心丹，等，2008．汇率与股价变动关系：基于汇改
后数据的实证研究［J］．经济研究（9）：70-81,135．

［181］张兵，魏玮，2018．中国经济增长质量的国际比较［J］．统计与决策
（24）：124-128．

［182］张兵，张洋，2017．县域普惠金融发展水平测度及影响因素分析：
基于面板数据的空间计量模型［J］．江苏农业科学（10）：315-319．

［183］张国俊，周春山，许学强，2014．中国金融排斥的省际差异及影响
因素［J］．地理研究（12）：2299-2311．

［184］张珩，罗剑朝，郝一帆，2017．农村普惠金融发展水平及影响因素
分析：基于陕西省 107 家农村信用社全机构数据的经验考察［J］．
中国农村经济（1）：4-17，95．

［185］张金灿，仲伟周，2015．基于随机前沿的我国省域碳排放效率和全
要素生产率研究［J］．软科学（6）：105-109．

［186］张俊山，2019．对经济高质量发展的马克思主义政治经济学解析
［J］．经济纵横（1）：2,36-44．

［187］张伟，朱启贵，李汉文，2013．能源使用、碳排放与我国全要素碳减
排效率［J］．经济研究（10）：138-150．

［188］张一林，龚强，荣昭，2016．技术创新、股权融资与金融结构转型
［J］．管理世界（11）：65-80．

[189] 张永恒,郝寿义,2018.高质量发展阶段新旧动力转换的产业优化升级路径[J].改革(11):30-39.

[190] 张优智,2017.不同类型专利对中国经济增长的非线性影响[J].技术经济(12):91-98.

[191] 张宇,赵敏,2017.农村普惠金融发展水平与影响因素研究:基于西部六省的实证分析[J].华东经济管理(3):79-84.

[192] 张宗成,周猛,2004.中国经济增长与能源消费的异常关系分析[J].上海经济研究(4):41-45,66.

[193] 赵进文,张敬思,2013.人民币汇率、短期国际资本流动与股票价格:基于汇改后数据的再检验[J].金融研究(1):9-23.

[194] 赵玮萍,2010.经济结构对体制转轨国家经济增长的影响分析[J].经济体制改革(2):42-46.

[195] 中国经济增长与宏观稳定课题组,张平,刘霞辉,等,2007.劳动力供给效应与中国经济增长路径转换[J].经济研究(10):4-16.

[196] 中国人民银行西宁中心支行课题组,陈希凤,2017.普惠金融发展指数构建及影响因素研究[J].青海金融(8):4-11.

[197] 周虎群,李育林,2010.国际金融危机下人民币汇率与股价联动关系研究[J].国际金融研究(8):69-76.

[198] 朱承亮,岳宏志,李婷,2009.中国经济增长效率及其影响因素的实证研究:1985—2007年[J].数量经济技术经济研究(9):52-63.

[199] 庄鸿霖,姜阵剑,2010.制造业产业升级:勿把微笑曲线做成哑铃结构[J].北方经济(11):2.

[200] 庄丽娟,贺梅英,2005.服务业利用外商直接投资对中国经济增长作用机理的实证研究[J].世界经济研究(8):75-81.

后　记

　　本书是笔者近年来有关金融发展理论的一系列思考和研究成果的汇总,着重从金融结构的视角,围绕金融结构与高质量发展的关系,依据其内在逻辑在统一的分析框架下展开。

　　2013年,笔者独立完成并出版了第一部学术专著《金融宽度与区域金融发展》并由中国社会科学出版社出版。金融宽度是指金融产品和业务的可得性、丰富度和覆盖面,在某种意义上说,金融宽度也刻画了有别于金融规模的结构性特征,是金融发展的重要方面。与《金融宽度与区域金融发展》相比,本书在以下方面进行了创新和拓展:

　　第一,拓展了研究对象。研究对象从浙江区域经济金融发展拓展到全球主要经济体。在经验研究部分,研究对象主要包括 G20 经济体,中东欧国家以及与中国经济结构与文化层面更具可比性的东南亚地区。

　　第二,挖掘了研究深度。从基于金融宽度视角研究金融发展与区域经济发展的关系,深入到更加注汗重金融结构与经济内在结构和高质量发展的关联。在理论研究层面提出了"黏性金融结构假说";在经验研究层面注重金融结构优化影响高质量发展的机制检验;在政策研究层面系统地考察了深化金融供给侧结构性改革的现实意义和具体举措,紧跟时代发展的需要。

第三，丰富了研究方法。综合应用比较研究、案例研究、理论研究、计量分析等多种方法。在计量分析层面，主要从一般的面板数据固定效应模型，拓展为引入面板单位根和协作检验、面板 Granger 因果关系检验、面板 ARDL 等多种方法的综合应用。

笔者在本书的写作过程中，得到了很多前辈、同仁的指导帮助，在此深表谢意。特别要感谢浙江大学王维安教授、金雪军教授、赵伟教授、王义中教授，浙江工商大学谢杰教授、钱水土教授，浙江财经大学文雁兵教授，以及浙江金融职业学院周建松教授、郑亚莉教授等领导和同仁长期以来的指导和帮助；感谢 2017 年计量经济学会亚洲会议（香港中文大学）、2018 年计量经济学会中国会议（复旦大学）、2019 年计量经济学会亚洲会议（厦门大学）、2019 年第八届世界经济不平等大会（巴黎经济学院）、香樟论坛等学术论坛与会嘉宾对本书阶段性成果的有益评论和交流。

受笔者能力和时间所限，本书难免存在不足之处，恳请各位专家同行批评指正。

姚星垣

2021 年 3 月于钱塘江畔